U0132594

微表情的讀人術

姜振宇 ——

著

Micro
Expressions

本書由長江文藝出版社授權出版

微表情的讀人術

作　　者：姜振宇

責任編輯：徐昕宇

封面設計：Lip Wai Ning

出　　版：商務印書館（香港）有限公司
　　　　　香港筲箕灣耀興道 3 號東滙廣場 8 樓
　　　　　http://www.commercialpress.com.hk

發　　行：香港聯合書刊物流有限公司
　　　　　香港新界大埔汀麗路 36 號中華商務印刷大廈 3 字樓

印　　刷：中華商務彩色印刷有限公司
　　　　　香港新界大埔汀麗路36號中華商務印刷大廈14字樓

版　　次：2016 年 4 月第 1 版第 1 次印刷
　　　　　© 2016 商務印書館（香港）有限公司
　　　　　ISBN 978 962 07 5668 9
　　　　　Printed in Hong Kong

目錄

篇章二　修行在個人

篇章三　職場風雲戰

篇章四　"微神探"通行證

篇章一

師傅領進門

第1章

一場尷尬的面試

1. 與眾不同的求職者

"你已經這樣看着我一分鐘了，就不打算說點甚麼嗎？"戴猛問。

坐在戴猛對面的這個年輕人，和他之前面試過的所有人都不一樣。年輕人的眼睛敢於一直看着戴猛的眼睛，和他就這樣對視着。同時，仔細分辨的話，還能夠看到他的眼球在快速地向各個方向非常輕微地轉動着，大概在這一分鐘之內，年輕人已經把戴猛細細地打量了一遍。

戴猛也一直看着他。戴猛看他是正常的，因為他是老闆。

年輕人這樣就不正常了，因為此刻，在這間屋子裏，他沒有強勢地位。

這樣盯着別人眼睛看，會引發兩種後果：要麼是敵意，要麼是笑場；陌生人會引起敵意，熟悉的人則會笑場。但這次，戴猛心中兩種感覺都沒有，而是對這個年輕人產生了濃厚的興趣。一個應屆畢業生來求職，為甚麼敢於這麼長時間盯着我看？[1]

習慣把戴猛的視線轉到年輕人的坐姿。戴猛發現，年輕人的脊柱是鬆弛的自然弧線，沒有卑微而謹慎地前趨，也沒有傲慢地後仰在椅背上，也不似大多數求職者那樣，強迫自己挺得筆直。軀幹的

---

1 不說話的時候，人保持長時間對視的心理動因，只有三種可能：1）有意頂撞和挑釁；2）行為習慣不正常，比如不會做人、沒有禮貌，又或者桀驁不馴到不在乎結果；3）非常強烈的興趣。長時間對視真的不能亂用，因為除了引起敵意之外，還可能引發對於情感的誤會。關於眼睛的對視表達強烈的興趣這一點，還有正規的學術研究通過論文發表出來。曾經有一個有趣的實驗證明，年輕男女對視超過 8.5 秒後可能建立交往意願。當然，普通人就算刻意想用，也用不出來。大多數人在沒有話說的時候，對視不超過一秒就各自閃離避免尷尬，下級對上級尤其如此。

表現和面部表情所透露出來的淡定完全一致。【2】

　　顯然，年輕人是因為對戴猛產生了強烈的興趣，才會忘形地出現長時間對視。當然，這孩子也確實有點與眾不同，能不在乎面試結果，一心只關注自己感興趣的人。

　　戴猛擅長的，正是通過觀察各種行為，綜合分析一個人的心理狀態。

　　在美國心理學會（APA）下設的 54 個專業分會中，序號第 23 的專業分會叫做"行為分析協會（Behavior Analysis）"，即研究和分析人類的各種行為。

　　"哦，抱歉。"年輕人可能意識到自己的失態，終於出現了靦腆的一笑。低下頭的同時，他的視線也向自己的下方轉移了一下。

　　"哦，也是個普通人。"戴猛心裏想，微微有點失落。

　　年輕人清了清嗓子，自我介紹道："我叫張華生，"他繼續說，"博士畢業於 B 市大學心理科學系，很榮幸能夠參加本次面試。我珍惜貴公司給予我的肯定，也非常希望能夠有機會成為您的同事。"

　　華生的軀幹現在趨前並挺直了，兩個膝蓋和兩隻腳踝也不自覺

2　戴猛之所以會去關注年輕人的脊柱，是因為脊柱的狀態能夠透露出重要的信息。脊柱的狀態大體可以分為三類：1）生理彎曲：人在鬆弛的狀態下，脊柱會呈現出其自然的生理特點。2）運動彎曲：一旦人有恐懼、討好這兩種感受的時候，會出現較大幅度的明顯彎曲。所以，卑躬屈膝、低三下四等貶義詞形容的那個狀態，就是很好的恐懼＋討好的組合案例。3）挺直：相反，人在桀驁不馴的時候，在不服氣的時候，在表達自己很強勢不可侵犯，或者表明自己有自信、有自尊的時候，都會把脊柱盡量挺直。戴猛觀察到的，是最自然的脊柱狀態，所以更加驗證了之前的對視。兩個指標一起確定，年輕人不是用故意表演來引起關注。

地並攏在了一起【3】，臉上佈滿了找工作的孩子們都會做出的標準笑容。

戴猛心裏再次確認了一下，"到底是個普通人，還會作靦腆狀【4】"。

通常，別人誇獎的時候，如果"感覺自己不夠好"，就會靦腆；認為自己"做錯事情之後"，如果被別人當面寬容，也會靦腆。靦腆的本質和愧疚感相同。演奏鋼琴非常優秀的小孩在面對國際級知名巨星的時候，就會靦腆。這個過程裏，沒有任何不好的事情發生，就是當事人覺得自己不夠好。如果是發生在戀愛男女之間，靦腆就會變為"害羞"，本質也差不多。

3　凍結反應：雙膝和雙腳踝同時併攏，是個費力的動作，因為它不符合人體工學結構。這種動作的出現，內心的驅動力是緊張、害怕、謹慎，都屬於恐懼類情緒。在當事人自認弱勢、生怕被否定又想取得好印象的時候，會不由自主地呈現出來。因此，當戴猛看到這個雙膝＋雙腳踝併攏的變化時，判斷出了年輕人的緊張，也就打消了前面對他的高估。

4　靦腆：一般人會把靦腆和羞澀，或者可愛質樸聯繫在一起，基本上是個褒義詞。但從學術角度講，靦腆實際上是一種負面情緒，一般發生在感覺自己不夠好或者做錯事情之後。當前，有人會用靦腆作為一種社交禮儀，用來表達自己的謙虛和沒有心計。同理可得，故做羞澀狀，也已經成為把自己塑造成清純形象的必備利器。可惜的是，表演出來的羞澀和真實的羞澀，差別很大。真正的羞澀，是全身的狀態，既包括低頭和眼神閃爍，還包括臉上的微微笑意，更包括身體的扭捏與不安，再加上局部血液循環造成的潮紅，基本上沒法故意表演全套。而且，羞澀和靦腆一樣，本質是負面情緒，所以它會緩解得很慢，在全套羞澀之後，仍然不能迅速恢復到自信的狀態，仍然不敢看人、不敢多說話，生怕別人不喜歡自己。而表演羞澀的人，是用羞澀作為工具。一旦表演完成，會急於收穫表演成果，強勢關注他人對自己表演的反應。要小心，如果一個人要表演羞澀，那麼比起那些率真的"閱盡千帆"之人，還多了一層不良心計。

　　戴猛直接鋒利地切入了問題：“學生簡歷裏的成績和項目，大多金玉其外，敗絮其中。所以，需要你自己説説看，幹過哪些有實際價值的研究，以及心得體會。只能講乾貨。”戴猛這次直接自己提問，沒有讓另外兩位同事像往常那樣先發言。他腦海中還記得年輕人剛剛那個眼神以及平靜的表情。

　　張華生當然聽得懂，默契地笑了一下，娓娓説道：“我明白您説的‘金玉其外’。我幹得最多的事情是讀文獻和吐槽它們，其次是設計實驗和處理數據，實驗的實施過程一般都拜託高年級本科生或者碩士師弟來完成，因為實在覺得形式大於內容。發表的論文裏，文獻綜述、實驗方案和數據結論是我自己完成的，一些高端討論是整合了全球那些實驗室和我自己老闆的觀點，所以可以説基本上是我自己寫的。這三年的課程裏面，我最喜歡的倒不是我們的專業課，而是‘中外名著選讀’。”

　　“選修課？”戴猛不由得打斷他問道。

　　“是，選修課。因為專業課其實上不上差別不大，國際上新發表的論文基本上比教材先進 10 年左右。”張華生揚起了下巴【5】。

　　普通人聽不懂華生在説甚麼。但是，正是這一組看似枯燥的回答，會讓戴猛給他狠狠加分。因為受過科學訓練的人都知道，在學生的學

5　仰視反應：“揚起下巴”這個動作，儘管非常微小，但在旁人眼裏，會強烈流露出驕傲和不羈。這個形態稱作“仰視反應”。人在對自己有較強自信，同時又有“對抗”“不服”“取勝”心態的時候，自然會呈現出脊柱挺直、下巴揚起的姿態，有的時候脊柱不挺直，單獨出現揚起下巴也有效。所以，如果你不想讓自己看起來很傲慢，那就要管好你的下巴。華生之所以會在説話的同時揚起下巴，是因為他看不起只講教材內容的課程。這種反應動作和語言同步的現象，可以認為是雙倍加強表達意義。

術訓練過程中，閱讀文獻、設計實驗和數據統計，是科學研究中最核心的三個環節。對面的年輕人幹的這三件事，都證明了他是踏踏實實用心搞過研究的人。

一個人在對自己的行為感到驕傲時，也會不知不覺揚起下巴。也許，華生揚起下巴的動作，除了對落後課程與教材的不屑，還有對自己的讚許。

戴猛好奇的是，為甚麼華生會強調"中外名著選讀"這門課，遂問道："為甚麼喜歡這門課？"

"因為，我現在覺得，文字也是很好的情緒表達載體。雖然文字是高級語言表現，是皮層的產物，但是能基本完整地體現出作者無法按捺的表達慾求，乃至於作者的人格特徵。我會在讀完他們的文字之後，再去找他們的野史八卦，看看自己分析得是不是準確。非常有趣！"張華生在說這段話結尾的時候，眼睛有一瞬間放出了光彩——那種只有興趣才能引發的光彩。

戴猛暗暗點讚，用筆在筆記本上頓了一下【6】。他馬上習慣性地注意到了自己的這個小動作——這說明自己是真的高興了。他轉而觀察了一下坐在對面的張華生，他倒是沒有任何興奮的表現【7】。

華生說完之後，等着戴猛和另外兩位面試官給反饋。但是，面

6　勝利反應：戴猛的動作，就是因為真性情而出現的"破綻"。人在興奮的時候，會用力做動作，幅度、力度和頻率，都會隨着興奮的增強而增強，呈明顯正比。即使像戴猛這樣的老江湖，在聽到感興趣的東西時，也會不由自主地用頓筆的動作把興奮表達出來。越是平常沒甚麼動作的人，一旦出現了這些特別的變化，就更能說明其內心的波動幅度，要比動作大得多。

7　戴猛看到華生的平淡，就知道這小伙子不是臨時抱佛腳的狀態，應該已經在學術上浸淫很久了，因為只有既有的事實，才無法帶來收益感。

試官們卻彼此互相看看，並沒有發表甚麼觀點。而戴猛其實悄悄地把自己對這個年輕人的肯定，用最短的時間暗示給了另外兩位下屬。所以，那兩個人就明白不必多言，只報以淺淺的微笑表示明白。

在戴猛看來，華生所說的研究主題，很新穎也很有價值。任何表達，包括語言、文字、表情和動作，都能夠顯現出當事人的某些特徵。只不過，語言和文字目的性強，表演偽裝的可能性極大，基本就是人和人打交道時用來取勝的工具。所以，通過語言、文字來判斷一個人，一直是難題，而華生研究過這個方向，戴猛當然會興奮。

經過了幾秒鐘的留白時間。

戴猛本該評價一下的，但他沒有。他就那樣看着張華生的眼睛。這次，戴猛能明顯感覺到對方似乎有點不知所措。

2. 老闆是不是同性戀

華生也的確有點不知所措。他被這種注視弄得有點暈，不明白對面的領導這個時候這麼看着自己是甚麼意思。所以，他的眼睛有點慌[8]。

現在是甚麼狀況啊？

老闆聽完彙報，下屬等着聽意見，老闆卻直勾勾地盯着你

8　視覺逃離：心裏慌張的時候，眼神就會迴避，不敢對視。究其原因，是因為怕看到對自己不好的反饋。

的眼睛不說話，這場面太讓人發毛了。

那麼，如果是你遇到這種情況，會怎麼辦？

如果你還有腦子自保，可以像下面這樣分析一下：

老闆不說話，只盯着人看，只可能有 3 種情況：

1）故意施壓；

2）在想說甚麼；

3）在想怎麼說。

如果老闆是故意施壓，那就不能被壓塌，所以眼神不要跑偏。但是，該退讓的時候就要退讓，低頭、下視、抿嘴，表達自己的服帖。因為你知道，這個時候應該老闆贏。

如果老闆是在想說甚麼和怎麼說，那就是老闆自己的問題，你的視線千萬別跑偏。關鍵問題上跑偏，很可能丟分，會讓原本對自己有優勢的局面，朝向不利發展。

最後，對視是可以的，但不要兇，也不要緊張，要記得保持微笑。

戴猛當然會注意到這個視線的細微變化，心裏一樂，決定開個玩笑："慌甚麼？你剛才不也這麼看我來着？你……覺得我有沒有同性戀傾向？"

一句話，整個屋子都似乎震得"砰"的一聲。

兩個下屬詫異地看着他們的老闆，嘴巴就那麼微敞着【9】。張華生

9　凍結反應。

不由自主地將已經偏離的視線硬生生地拉回來，像面孔識別的機器一樣不停地在對面這位驚人的面試官臉上來回打量，屏住呼吸，欲言又止。

戴猛根本不在乎這些。或者說，當前屋子裏面所有人的反應，都是他預料到的。

他是故意的。

他知道怎樣做"有效刺激"，他最擅長這個業務。

優秀的問題，可以褪去人的偽裝，甚至只要一句話就可以控制場面。

戴猛的意圖，就是要製造驚呆和尷尬的效果，目的是為了看看華生的情緒和理性的轉換能力，也就是民眾常說的應變能力。因為，他見過太多紙上談兵的書呆子，在讀完書之後，還是只能談談紙上的東西。

這個刺激源的確非常有效【10】，所有其他的人一起尷尬了好久。

張華生慢慢開始說話，音量由弱逐漸轉強，說道："真實回答是'不知道'，因為我才見您，還不足以確定您的'興趣愛好'。如果您一定要我給一個二選一的答案，我還是要說'不知道'，因為真正的同性戀最顯著的特徵不是對同'性'的喜好，而是思維模式和才華。他們往往因為大腦的結構特徵和運轉機制與普通男性不同，能更快地整合邏輯思維和感性思維，所以比普通男性更容易具備某種突出的才華，比如音樂、美術或者交往能力等。娘娘腔不是同性戀，因

10　整個微反應研究體系中，最最重要的概念就是"有效刺激"，沒有之一。

為他們欣賞女性的特徵，是自我性別定位障礙；僅僅喜好同性身體也不是同性戀，更準確地應該稱為'同性亂'；即使是非常果敢剛毅的男性，也有可能攜帶有同性戀的基因，歷史上這樣的人物並不鮮見。所以，我沒有辦法判斷您的性取向。"

戴猛聽得不由得"哈哈哈哈"地大笑了好久，這在招聘面試的情境中顯然過分了，弄得他自己也不好意思起來，下意識地看了看會議室中的監控攝像頭。然後，板起一張面孔說道："張華生，恭喜你，我們公司願意聘用你，為你提供好的崗位和福利，希望你也能儘快給出確定性的答覆。對我個人而言，我非常欣賞你的知識儲備和應變表達能力，希望能和你成為同事！"

張華生的臉上最多驚訝了一秒鐘，就立刻明白了自己的狀況。他也許對自己剛剛那段超級應變也比較滿意，所以沒有表現出太多意外的樣子，也沒有興奮，規規矩矩地站起來，不卑不亢地鞠了一躬，說道："謝謝！能夠加入貴公司是我的最高求職目標，您同意接收，我只有四個字——不勝榮幸。"話說得也味同嚼蠟。

還是個小孩，不知道大人裏的正常人該怎樣說話。這些冠冕堂皇的套話，都是從電視裏學的。

正待華生往前走過來，躬身準備和戴猛握手的時候，坐在一旁的人力資源副總監薇總突然側過頭來，對戴猛說："Diamond，這事恐怕只是你說了還不能算。"

第 2 章

邊兜風，邊吐槽

1. 甚麼情況下，笨蛋也不會犯錯誤

戴猛不由得把頭側過來，盯着薇總的眼睛，微微皺了一下眉毛。

薇總也盯着戴猛，微微揚了揚眉【11】。

立刻，戴猛就明白了薇總的意思。一般來講，自己說了肯定算，但畢竟還有組織流程，最終結果還需要報大老闆簽字。無論如何，在面試的過程中當眾表達了自己的肯定並對應聘者表示祝賀，是越界的。

薇總也許是善意的提醒吧。

既然有了這個提醒，戴猛與張華生握手的時候，並沒有用力搖晃，而是點到即止的禮節性握過之後即刻分開【12】。

戴猛說："我們公司早晨 9 點鐘上班，下午 5 點鐘下班。幹到我這個級別的時候，通常會加班 2 個小時。當然，初級員工會稍好一些，但加班也是常事，不過好在公司會支付足夠的加班補償。地下停車場也是公司專屬的，員工可以到後勤部辦理免費停車證。能不能錄用你，還需要領導審批，所以請你安心地等待結果。我們人力

---

11 戴猛的皺眉，表達了一個詢問，大概可以翻譯成："甚麼意思？"之所以會皺眉，是因為對自己遇到的阻礙產生了厭煩情緒，同時還有質疑。而薇總的輕輕揚眉，則可以翻譯成"你懂的"。揚眉的動作在雙方不說話的時候，通常用來表達默契。如果是一個人在說話的時候頻繁配合語言揚眉，則說明他有意強調或炫耀。

12 握手是純粹的社交禮節，行為人是在 100% 控制的情況下來做出握手的動作。所以通過分析握手，可以推導出行為人希望表達的態度。據傳，最早的時候，握手表示手中沒有武器，雙方互相進行檢驗，以確認對方沒有敵意。簡單講，握手力度大、搖晃幅度大、動作頻率高，可以判斷出行為人想要表達的積極和熱情；相反，不怎麼用力、不怎麼搖晃，也不怎麼動，沾沾就分開的，則可以判斷出行為人的"不熱情"。"不熱情"不一定是壞事，也許是矜持，也許是不屑，也許是不好意思。分析握手的時候，重點並不在於他握成甚麼樣，而在於他為甚麼要這樣握。

資源部在所有員工聘用面試結束後，會依次通知你們。再次感謝你來參加本次面試。再見。"

很顯然，華生一開始的時候，對戴猛的態度轉變有點不適應，尤其是那個官方感十足的握手之後。不過後面的這段話，倒是似乎讓他安心不少【13】。

晚上 7 點鐘，華生出現在地下車庫裏。他找了一個不太引人注意的地方，等在那裏。

沒一會兒，腳步聲響起。華生循着腳步聲的來源看過去，果然是戴猛。於是，他確認了一下周圍沒有人，就走出來站到戴猛能看到他的地方。戴猛微微一笑，指了指自己的車，兩人握手上車後，車子緩緩駛離。

打破沉默的是張華生："謝謝老闆！"

戴猛哈哈一笑，滿意地看了他一眼，問道："你居然都猜到了？"

華生點點頭，也不由得笑起來。

戴猛一邊開車，一邊道："說說看，怎麼破譯的？"

華生花了幾秒鐘整理思路，然後說道："我覺得您一開始是確定想聘用我的，因為在您考核我的過程中，實際上也是我逐漸確定要跟着您幹的過程。我對您的提問方式非常感興趣，當然更感興趣的是您背後隱藏的深深的專業知識。我一直留意您的情緒變化。"說到

13　與分析握手的動機相同，分析語言的時候，重點也不在於他說了甚麼，而是他為甚麼要說這些話。因為，人類的語言，同樣是純粹的社交行為。理論上講，每一句話都是在行為人100% 控制的情況下說出來的，都有特定的動機。所以，"為甚麼說"比"說了甚麼"更應該值得注意。

這裏，他還是不由自主地輕咳了兩聲，表示一下歉意。

"哦？甚麼結論？"戴猛問。

"兩點。一是您是性情中人；二是您是有意在控制自己和他人的情緒，尤其是後者。"張華生答道。

戴猛大笑起來，道："這個排序有意思，還要用狀語從句‘尤其是後者’作個強調，不愧是研究過文字表意的。"

張華生繼續解釋道："當我回答完同性戀傾向的問題之後，您的表達非常真性情，幾乎沒有遮攔。"

戴猛輕輕點了下頭，表示認可。他自己可能不知道的是，點頭的同時，他的下嘴唇微微向上，頂住上嘴唇的同時，嘴角有少許向下彎。雖然是在笑，但還是有些不悦，因為被別人看出了自己的真實情緒。

張華生繼續道："但後來，我不知道那位女士和您之間發生了甚麼，我能感覺到您的表達方式瞬間回到了應該有的規矩體系內，不能説是冷漠，但是很規矩。按照我的理解，這些規矩的表達，包括語言和動作，都是對自己之前的表現進行了修正。前一次的表態是給我的，後面的這一套，是給當時在場所有人看的。"

戴猛插嘴道："前面的是情緒表達【14】，後面的是社交表達【15】。"

14　情緒表達，是指在情緒驅動下出現的種種反應，更多通過非語義的因素進行，常見的包括表情、動作、呼吸、心跳、音量和音調的變化。傳統測謊儀正是根據這一原理，以皮膚表面電阻值的變化作為重要指標。

15　區分社交表達和情緒表達非常簡單，也非常重要。社交表達是講給別人聽、做給別人看的；情緒表達是自己的感受表達。所以，情緒表達能夠更加準確地體現當事人的主觀感受和認知。

華生微微皺眉思考了一下，問道："Social-expressions ？【16】"

戴猛點點頭。

華生說："我明白了。那就是我剛才說的'規矩的表達'。尤其是那個握手，非常禮節化，說實話，那一刻還真讓我心裏冷了一小下。"

戴猛問道："為甚麼只有一小下？你就這麼自信我沒有改變主意，或者說我之前不是衝動？"

華生回答道："我還是更相信之前真性情的表達。就算有甚麼意外不能聘用我，問題也不會出在您身上，也許是公司裏的其他人，或者制度之類的。因為，後面的社交表達，顯然是在精準控制之下所做出的行為，都是有特定意圖而為之的，不能代表真實的想法。"

戴猛內心對他的滿意程度不斷提升，問道："那你怎麼猜到七點車庫見面的？恰好看了《西遊記》裏悟空三更學藝那段嗎？"

華生的臉上流露出了淺淺的得意，聲音也微微提高，答道："您後面所說的內容，相對於當時的面試情境而言，還是有明顯的暗示意圖的。當然，也許只有我這個剛剛被承諾可能錄用又隨即被潑冷水的求職者才能感受到，我不太確定其他同事會不會覺得話裏有話。因為，當時最後的定論是還不能確定我是否能被錄用。在這種語境前提下，您大可不必把細緻如加班時間和地下車庫分配政策這樣的信息說出來。無心者會覺得說說也沒甚麼，有心的人當然就會覺得這些信息很特別啦。"

---

16 expressions 一詞的詞典釋義有很多條中文對應的意思，最能囊括所有對應意思的中文是"表達"。語言是表達，表情也是一種表達，肢體動作也是一種表達。

語言要經過皮層處理，是典型的社交表達工具，俗話說就是"話是說給人聽的"。所以，戴猛後來的話之所以規規矩矩，是說給周圍人聽的，一些看似不必講的信息流露，意圖是給華生聽的。

華生猜對了。

戴猛說道："知道我為甚麼覺得你不錯嗎？"

同樣一句話，戴猛本來想說的是"知道我為甚麼特別看中你嗎"，但出口之前，他覺得那樣肯定的意思太強烈了，所以迅速進行了弱化和修正。

華生當然明白，這個問題只是設問，如果自己進行認真的總結和陳述就太傻了，那會讓對話變得完全無趣。

這就是華生聰明的地方，雖然沒有經過訓練，但他本能地會知道，要搞清楚"別人為甚麼要說這些話"，而不是"他說了甚麼"。

戴猛自己回答道："你算踏實的。踏實就是既有本事，又不高調。"

華生畢竟是年輕人，被老闆這麼直接誇獎，一時間不知道該做甚麼反應，只好矜持着笑笑，右手握住自己的左手手背，小幅度地摩挲着【17】。

戴猛也不知道甚麼時候看到的，淡淡說了一句："別做那個動作，那樣會顯得你很惶恐。"

華生立即停止了手的動作，卻因為不知道該怎麼辦而更加彆扭

---

17 安慰反應：在沒有語言表達的時候，如果搓手的動作沒有任何表意，那就極有可能表達了行為人內心的不安。這樣沒有表意功能的自我安慰動作，我們統稱為安慰反應。做出安慰反應的當事人可能根本就意識不到自己的動作，但這些動作卻能出賣自己的不安。

地坐在那裏，身體也不敢向後靠【18】。

戴猛見他的樣子可笑，就問道："你知道別人誇你的時候，應該怎麼應對比較得體嗎？"

華生聞到了專業的味道，立刻從"不知該如何表現"的尷尬中脫離出來，認真問道："這還有通用的公式？"

戴猛微微一笑，說道："當然。我問你，如果你是在演戲，導演明確告訴你說，'現在你的對手角色只是禮節上地表達一下讚賞，他其實並不關心你的優點和長處，僅僅是為了讓氣氛變得更加融洽和熱鬧'，你認為接下來該怎麼演？"

華生答："既然是客套，那麼我當然是配合一下客套了，一方面謙恭有禮地表示謝意，一方面也對對方表達一下恭維。不能當真。"

戴猛點點頭，繼續問："不錯。那如果導演改戲了，你是大人物，對方是為了取悅你才恭維的呢？"

華生答："那就冷艷高貴，不必理會即可。或者，輕輕點點頭，視線保持在對方頭頂以上也行。"

戴猛繼續問："如果再改，導演告訴你現在你是後輩後生，前輩、高官、巨賈們談笑間說起你不錯，但不是專門在誇你有多好。你要取悅他們的話，該如何表現？"

華生說："謙恭有禮、低調謹慎，裝作受之有愧的樣子。"

18　當戴猛指出這個小動作是破綻之後，華生感到更加侷促，他本能地出現了"凍結反應"。凍結反應的兩個特徵是，減少甚至停止動作，同時肢體會出現收縮的姿態，絕不會擴張和伸展。所有動物在感受到危機的第一瞬間，都會採取不動的策略來迅速判斷更多信息。如果感受到無法逃避的威脅來臨，都會採取收縮的姿態。人也是一種動物。安慰反應，是典型的弱勢心態體現。

　　戴猛最後問："那麼，如果導演告訴你説，'現在你的對手角色想要表達認真的讚賞，他就是對你很欣賞，並不是要取悦你'，你應該怎樣應對？"

　　華生其實已經明白了，他説："既然不是為了取悦，又是認真的讚賞，我就認真聽着。這個讚賞僅僅是個開始，正文還在後面。我不會着急瞎客氣，讓他把真正要説的內容接着説完，因為那才是對方的主要目的。"

　　戴猛看了一眼華生，笑道："孺子可教也！"

　　他繼續説："這就是公式。你説難不難？每一個應對策略，如果有導演在旁邊告訴你對方的意圖，甚至告訴你需要表現甚麼，那麼一切應答都在情理之中，笨蛋也不會犯錯誤。但是，對於絕大多數人來講，並沒有導演在旁邊幫忙，一句簡單的誇獎要分出這麼多可能性來進行一一應對，絕對算是難題。"

　　在接受別人誇獎的時候應該作出甚麼反饋？普通人會感到侷促不安，因為他們會覺得，表現得過於得意或過於卑微肯定是不合時宜的；如果沒有甚麼反應，平靜地接受，怕對方會認為自己不夠謙虛；謙虛地感謝着接受，又怕對方覺得自己故作姿態、不夠真誠。

　　還是那句話，別人説甚麼不是最重要的，關鍵是他們為甚麼要説這些話。只有明白了對方誇獎你的真實意圖，才能做出最恰當的回應。

　　難點在於，人家不會明説意圖。真實的意圖，需要自己用專業的方法來判斷和分析。既然不會明說，所以說的東西就沒甚麼價值了，那麼唯一可行的方法，是從非語言信息入手。

微反應正是這樣的利器。

2. 最準確的 "微表情"

華生說完，見戴猛沒說話，只好找個其他話題打破自己的尷尬："老闆，您的專業研究主要集中在哪個領域？"

戴猛也想聊聊這個話題。事實上，這也是他暗示華生下班後見面的主要話題。

戴猛說："我和你一樣，也研究人的情緒。"

華生不由得驚訝了一下："哦？"

戴猛接着說："不過，我側重研究人受甚麼刺激才會有情緒，還有情緒表達形態。在人腦中產生情緒的過程，我沒有能力研究，也不感興趣。"

華生接了一句："產生機制國際上也剛起步。"

戴猛說："最開始，我是從研究表情開始的，從達爾文到 Paul Ekman，從心理學到表演學再到藝術學，我逐漸相信了情緒表情的價值【19】。我知道在目前的心理學界，表情識別【20】是更常見的研究課題，但表情分析【21】卻不多，而且也做得不好，從論文數量和質量來看，堪憂。我覺得那是研究方法的粗笨導致的。"

華生聽到"粗笨"兩個字，心裏一樂。因為他自己也常常吐槽那些幼稚的表情研究實驗設計，但卻從未想到過要用"粗笨"二字來概括。

這個未來的老闆挺有意思！

戴猛點點頭，道："其實，這就是我研究的全部內容。前面的對話過程，也是我最欣賞你的地方。踏實之類的歸屬人品，不算核心優勢，因為人品好的人雖不好找但也不缺。你的專業基礎和思維跟進能力，是我非常欣賞之處。如果兩者只能二選其一，我寧可選擇後者，哪怕他是個大奸大惡之徒，習得絕藝也只會讓世間更多幾分波瀾壯闊。更何況，大奸大惡之徒最初時就未必能入我法眼。"

"口氣好大！"華生想。

剛剛對華生的誇獎的確是認真的，但的確也只是開始，能把自己研究的內容講給後輩聽，並將優秀的人才吸納進來一起做，才是

---

19 情緒的管理中樞，不在大腦皮層，很多主管情緒的大腦原件集中在皮層以下的區域，通常統稱為邊緣系統，包括有：杏仁核、海馬體、下丘腦等等。這些部件沒有思考的能力，完全是原始法則的忠實執行者。所以，情緒的產生不是由"想法"決定的，情緒則更能表現一個人的真實感受與判斷。這也是為甚麼分析情緒行為比分析語言能更加準確地把握人心的原因。當然，行為分析的對象，只能是情緒表達，這樣才不會被表演所誤導，結果更準確。

20 表情識別：現在常見的研究方法，是讓模特表演出一些明顯的表情，有的簡單，有的複雜，然後組織大量被試，根據表情判斷種類，比如，悲傷、疼痛、憤怒、高興、吃驚等等。

21 表情分析：根據不太明顯的表情進行情緒分析，甚至進行認知分析，再進一步推導行為人的想法或感受。

戴猛的核心訴求。因此，他說：“微表情聽說過嗎？”

華生只點頭“嗯”了一聲。他知道自己現在不該多說話，等着聽戴猛繼續說。

戴猛繼續講道：“微表情被老 Ekman 的電視劇 LIE TO ME 弄得全世界都知道了，然後人人都覺得有希望能窺得一星半點的神技，好用來看透別人。再加上網絡的傳播，網友們互通有無、協同作戰，把電視劇裏的台詞扒得一乾二淨，整理成一條一條的標準，用這些列表試圖找到秘方。”

說到這裏，戴猛竟然歎了口氣。然後，才繼續說道：“坊間流傳着這些不靠譜的‘神技’不算，另一方面，專業研究領域也進展緩慢。全球範圍內的相關科研項目，大多數也在用着學院派的方法，找尋着‘神奇’的微表情痕跡。研究生們組織學生做被試，在實驗室裏通過讓孩子們看視頻刺激，然後拍攝長達十幾分鐘或者幾十分鐘的面部變化，試圖獲得‘XX 表情形態是謊言特徵’這樣的直白公式。為了符合論文發表的要求，還要加上主流的特徵數據，比如用毫秒作單位的時間值、用像素作單位的位移值等等。中國也有機構研究，也不乏這種路數。”說到這裏，戴猛用鼻子笑了笑[22]。

戴猛停在那裏沒有繼續說話，而是沉默着開車。這是希望聽聽華生的觀點。華生懂他的意思。

華生想了一會兒，娓娓道來：“據我所知，現在的關於微表情的

22　用鼻子笑是經典的輕蔑笑容。鼻子快速短促地呼氣、發出“哼”的聲音同時伴有淺笑，是輕蔑的表情。這與用嘴發出“切”的本質完全相同。

實驗設計，大多是給學生看錄像，要求學生在看錄像的時候不要有表情，然後通過監控找一不小心洩露出來的‘微表情’。我覺得這種實驗方法漏洞百出！”

“哦？”戴猛有點吃驚。

華生知道，自己的觀點取得了戴猛的認同，繼續說：“學生有沒有放水配合？學生看錄像能有多少情緒波動？學生對自己的情緒表現能進行多強的克制？克制的心理動因又在哪裏？這些都是漏洞。”

戴猛輕輕“嗯”了一下，不作聲。

華生判斷了一下，應該可以繼續說，“國際上也經常出些混亂不堪的文章搶佔‘微表情’這個山頭。瑞士學者有個研究宣稱‘表情與文化差異有關’；不但如此，還口出狂言把之前學界普遍認同的觀點——‘人類具有相同的六種基本情緒：驚訝、厭惡、憤怒、恐懼、悲傷和愉悅’——無恥地稱作是‘天大的謊言’[23]。連基本的邏輯都沒有建立，他就敢說別人是笑話！”

戴猛點點頭，說道：“我看過這篇文章，嘩眾取寵而已。”雖然嘴上這麼說，但眉頭皺得更緊了些。

華生沒有看到這個細微的變化，繼續道：“還有一位舊金山州立大學的心理學教授[24]，號稱‘微表情專家’，曾認真地試圖從基因的角度探討‘為甚麼日本人的表情比歐洲人更難以識別’這個問題。我

23　瑞士弗里堡大學心理學系（Department of Psychology of the University of Fribourg）教授 Roberto Caldara，用東西方兩組被試，做了個【表情識別】的實驗。然後，根據眼動儀數據統計，得出結論說東西方被試對同一表情關注的器官不同，再然後得出結論說“表情與文化差異有關”。

24　華生說的是 David Matsumoto。

看完文章就特別想勸勸他，咱得先搞清楚研究對象到底是甚麼，是社交表情還是情緒表情？日本人的哪一類表情比歐洲人更難以識別，是那些真實的喜怒哀樂嗎？要討論社交表情的話，那我還想提醒他，紅毯上的明星表情最好識別，是真的嗎？官員們開會時的表情才最難識別，因為就沒有表情。都裝在殼裏戴着面具，差別當然大了。居然還往基因上扯！也許，這些問題就是您說的'粗笨'！又粗又笨，得出的成果也只能達到 Ekman 和 Vrij 所說的一半左右【25】；不做研究的人瞎猜，也是一半一半。現實中，輸入信息多複雜？背景情境多複雜？利益訴求多複雜？當事人的價值觀、知識量、行為模式又有多複雜？誰在跟別人說話的時候，會出現那些看錄像才可能引發的'微表情'啊？！我當初看他們寫的論文，就覺得不靠譜，完全的功利研究，但自己又想不明白怎麼破解、怎麼完善，所以就擱置了。"

　　戴猛一直在聽，聽到這裏擺了擺手，側頭看了一眼他，笑呵呵地問道："激動了？到底還是年輕人呀！身體真好！"

　　這句話一下子讓車裏面本來很難拐彎的嚴肅氛圍化解無蹤，張華生也摸摸自己的手腕，道："還真是，脈搏都快了，說明我的交感

25　很多已經發表的研究表明，人們通過觀察行為對謊言的識別準確率主要落在 45%~60% 的範圍內，而平均準確率是 56.6%。觀察者在識別實話方面，正確率可以達到 67%，但識別謊言方面則只有 44% 的正確率，還不如瞎猜的 50% 概率。詳見《說謊心理學》，英，Aldert Vrij 著，鄭紅麗譯，中國輕工業出版社，2005 年第 1 版，P81—P82。

神經興奮了【26】，這是要跟誰打架的反應啊！"

　　其實，他這句玩笑話還真說對了。華生的激動，源自於對那些自吹自擂的所謂"研究成果"的不滿，這些憤怒的力量，如果放在古代，就是戰勝對手的力量源泉。

　　戴猛的感覺是遇到了知音，他高興地繼續說："我的研究，也還是從前輩的研究成果那裏開始，Ekman 的 FACS 是不可逾越的門檻。但是，我認為，從微小的表情形態開始，我們可以建立一條分析通道。微表情形態，表達了兩種互相對抗的力量——真實的情緒和抑制它的動作。絕大多數時候，抑制真實情緒的原因是顯而易見的，比如敢怒而不敢言，比如竊喜，每個當事人和旁觀者都明白為甚麼要抑制。但是，真實的情緒表現因為被抑制而破壞，不夠完整速度又快，所以普通人很難看懂，甚至很難注意到，這就是微表情，同時也包括那些肢體動作和語言的變化。因此，通道的第一環節，是通過微表情，找到真實的情緒。"

　　戴猛的一席話對於華生而言，啟發很大。這個思路無異於做了一個最基本的減法，只保留最簡單的邏輯步驟——"微表情＝情緒"，這就清爽太多了！

　　戴猛說得興奮了，車的速度也快了起來。

26　人類在興奮、激動的時候，交感神經會被激活，因而產生連鎖反應，包括呼吸加劇、血液循環加快、心跳加速、出汗增多、瞳孔放大，同時消化系統減弱或暫停工作。這些變化都有利於人類進行劇烈運動，包括戰鬥或快速逃跑。人類在平靜的時候，副交感神經被激活，因而產生連鎖反應，包括呼吸平靜、血液循環變緩、心跳恢復平靜、汗液分泌減少、瞳孔縮小、消化系統被激活，所以會分泌口水、食慾大增、腸胃蠕動增加、排便意願增強。交感神經系統和副交感神經系統在一起，調節人的緊張和鬆弛，統稱為自主神經系統，也就是不被想法和意志控制和干擾，因此又叫"植物神經系統"。

戴猛接着説："大多數人認為，情緒是很原始的、很粗糙的、很不理性的東西，甚至因為情緒帶來的很多衝動，而覺得情緒是壞的。但其實，情緒是最直接的信息處理程序，是人類作為動物的時候，最有用的生存程序。現在人們嫌棄情緒，是因為社交規則變得越來越複雜，複雜的程度可能需要三層邏輯甚至更多，所以情緒這種僅有一層簡單邏輯的信息處理程序，就總會犯錯。比如，你辱罵我，我就打你，在現代社會中，這就是錯的。"

讓華生興奮起來的，不是車速，而是這種在論文中很少會涉及的新觀點，他情不自禁地補充道："就像開會時，相反的意見會直接引起憤怒。如果按照動物的法則，敢挑釁我甚至侵犯我的利益，直接開打就好。但在人類社會，別說動手，就是爭吵幾句，都有可能會讓事情變得麻煩起來，甚至還可能造成自己的損失。會議級別越高，意味着牽涉到的規則越複雜，邏輯的疊加層數就越多。所以高層的會議中，更多的是勾心鬥角和笑裏藏刀，而少有謾罵和拳腳相加。"

戴猛問："哦，那國外議會裏的扔鞋和毆鬥呢？"

華生笑笑，道："作秀唄。不讓新聞報道，或者報道出來之後一定導致支持率下跌，你看看他們還打不打。"

戴猛哈哈大笑，點頭認同道："對啊！情緒並不是野蠻無理的，不是混亂的或者粗野的，它們是正確的程序，是人類作為動物進化而來的最符合自己利益的算法。當然，情緒僅有一層邏輯，好的就喜歡，壞的就警惕，不像想法那樣存在更多層相互制約的邏輯。"

"在情緒進化出來的時候，還沒有複雜的人類社會，更沒有比結構複雜數倍的社交規則。但也正因如此，情緒是人類最真實的意圖表意。一切情緒化表達，都是由人內心最真實的感受、想法和判斷驅動做出的。"

華生覺得豁然開朗，他變得雙眼放光，屁股從座椅上跳起來，側過身對戴猛說："所以，不論是表情、語言還是動作，只要能確定是真實的情緒表達，就可以逆向分析出當事人的感受、心態和判斷。那麼，怎麼判斷是演戲還是真情緒呢？"

就在兩個人沉浸在關於學術的興奮中時，身後突然響起警笛聲，由遠及近地越來越刺耳。戴猛和華生面面相覷，兩人同時心想："不會吧。難道是超速了？"

3. 探索未知世界的必要手段

實際上，用科學的實驗方法搞研究，是探索未知世界的必要手段。

針對物質的研究，比如物理學研究、化學研究、生物學研究等等，要盡可能排除干擾因素，也就是英文論文中所說的 noise。因為只有排淨干擾因素，才能確切地獲得某一種物質的特性。

例如，研發一種新藥成分，怎麼才能確定這種成分對某種疾病真的有效呢？

第一種實驗方法，直接給大批病人吃藥，好的很多就證明有效。

　　這種方法是不對的，因為病人痊癒的原因有可能是藥效，有可能是自癒，有可能是因為覺得自己吃藥了，強大的積極心理起到了作用。

　　第二種實驗方法，設法排除干擾。把病人分成兩組，一組給吃藥，另一組給吃貌似一樣的"藥"，但其實那東西沒有任何功效（通常稱為安慰劑）。這兩組的"藥物"分配，病人們並不知道。然後，如果給真藥的那組病人痊癒了，而給安慰劑的那組沒有痊癒，就認為藥是有效的。

　　這種方法叫做單盲實驗，因為病人們不知道自己吃的甚麼，所以排除了心理因素的干擾。再加上，沒有服藥的那一組沒有痊癒，又排除了自癒的干擾。這種比對方法，已經接近真相了。

　　但是，仍然會有個問題，那就是實驗人員的主觀誤差。做實驗的當然都盼着新藥數據好看啦，所以他們知道哪一組吃的真藥、哪一組吃的安慰劑，就會不由自主地去湊證據，不知不覺中傾向於找到真藥有效的證據。

　　所以，人們又開發了更為嚴謹的實驗方法三，進一步排除這種主觀因素的干擾，稱為雙盲實驗。把病人依舊分成兩組，一組給真藥，一組給安慰劑，病人仍然不知道自己吃的是甚麼，就都盼着快點好。然而，這次連實驗人員也不知道哪組吃的是甚麼，這項工作由第三方來控制。實驗人員只能客觀觀察病人的變化，記錄各種數據。最終，第三方揭開謎底，如果服藥組痊癒數據高，另一組痊癒數據低，則證明有效；兩組無差別，則證明無效。

用這樣逐漸排除干擾的方法來逐步確定物質特性，做出來的藥才能有確定的藥效，研究出來的材料才能有確定的性能，製造出來的武器才能穩定可靠。

針對人心理狀態的研究也應該遵循這樣的方法和原則。

人的神經系統要處理外界的各種信息輸入，然後整合認知作出判斷，然後下達指令，讓肌體協同完成信息輸出和物理移動。在逐一排除各種干擾後，所得的因果關係才過硬。可惜的是，目前行為科學實驗室裏的實驗方法很難把干擾因素排除乾淨。

比如關於表情的研究實驗，研究對象絕大多數都使用的是社交表情，也就是請些模特或者學生來表演表情，或者使用表演的錄像、照片作為素材。有些論文連是情緒表情還是社交表情都不作區分，就直接統計數據得出結論了。

如何在實驗室裏捕捉到真實的情緒表情是難點和關鍵點所在。在實驗室裏能不能真的刺激到人，從而引發相應的情緒？

微表情則更加複雜。因為它除了真實情緒的引發外，還多了一層行為人的自我抑制，甚至是偽裝。情緒機制根據樸素的“趨利避害”原則，產生行為驅動，比如面臨威脅時激發憤怒，面臨收益時激發喜悦，面臨損失時激發悲傷；但是邏輯思維則會根據更複雜的社會規則，也尋求“趨利避害”的解決方案，比如被老闆罵了還得堅持着面不改色，被老闆表揚了還表現得不驕不躁，被對手挑釁了還表現得風輕雲淡、不疾不徐。在社交面具出現前的短暫瞬間，情緒也許會露出微小的痕跡，但那才是行為人真實的感受。

　　這樣的數據，實驗室裏幾乎沒有可能獲得模擬。沒有參與實驗的人員可以先產生真實情緒，然後又迅速"趨利避害"地壓制住。

　　因為，實驗室裏沒有像樣的刺激源，也沒有趨利避害的複雜規則。

第3章

總統的微笑

1. 政客都是好演員

聽到警笛的聲音，戴猛馬上減速，並下意識地向右並了一條道，準備路邊停靠。在他還沒有做出更多反應之前，警車攜着尖銳的警笛聲從他的身旁呼嘯而過，根本就沒打算理會他們。戴猛不由得自己拍了一下腦門，說道："嘿！聊得太投入了，我還以為這裏是美國。在中國，交警很少這麼追趕一輛超速的車。"【27】

華生也笑笑，覺得戴猛的反應挺有意思，心中暗道："看來是在美國開車落下的毛病。"

戴猛接着說："不過，我們這樣聊，也確實有危險，畢竟是在開車。不如，我們找個地方吃點東西，坐在桌子旁邊，守着一堆盤盤碗碗，聊起來更有安全感。你覺得呢？"

華生連忙說："老闆，我已經吃過飯了，但估計您加班還沒來得及吃。我飯量大，再吃點也沒問題。聽您的。"

戴猛點點頭，眼看着前方，一邊開車一邊想着要去哪裏吃東西。

和華生想像的深幽素雅、杯盤別致的晚餐完全不一樣，身邊這位 500 強公司的人力資源老總，最後把車停在了路邊的一家 SUBWAY 門口。見路邊逡巡的停車管理員迎上來，戴猛便隨口說了一句："買個三明治，10 分鐘就出來。"言罷，徑直往店裏走去，似乎和管理員很熟絡的樣子【28】。

27　習慣的力量非常大，習慣性行為可以不經過大腦的邏輯思考，直接進行決策執行。重要的是，習慣性行為可以作為重要的基線行為之一，比對他人的異常行為。

28　講話的時候語氣隨意且不關注對方反饋，通常只有兩種情況，一種是不屑、不在意對方的反饋；另一種是很熟絡，非常了解對方會做出甚麼反饋。

點完三明治，兩個人坐下來吃。

就是純粹的吃。

電視上正播放着化妝品的廣告。美女巧笑倩兮的樣子，讓華生想起一個問題，問道：「老大，我記得您說過，微表情分析的關鍵問題是首先過濾掉表演。那麼，像廣告裏這種美好而曖昧的表情，有甚麼破綻嗎？」

戴猛抬頭看看，而且是認真地看了十幾秒，說道：「如果只看這個片段的表現，沒有辦法確定廣告裏的模特當時心裏爽不爽。實話講，我沒有找到甚麼明顯破綻，演技算精緻。雖然從概念上講，這種公共媒體上播出的表現一定是故意的表演，因為拍攝的時候有劇本要求，絕非為了記錄演員的真實情緒狀態。但是，我們也同樣沒有辦法確定的是，演員當時是不是真的很舒服，感覺很美好。所以，這個廣告算上乘之作，表情方面沒有破綻。當然，大多數文藝作品遠遠達不到這個檔次，甚至就算是師奶觀眾也能看出有些演員的不走心。這樣檔次的表演實屬鳳毛麟角。」

華生知道，現代表演訓練體系中，有一種主流體系叫做「斯坦尼斯拉夫斯基表演體系」，基本上所有的專業表演院校，都會使用「斯氏體系」對學生們進行教學。這一體系的要點，是強調演員對要表演出的情緒，必須由內而外地進行表演，而不能膚淺地僅僅使用公式化技術。這樣，演員會自然而然地作出真實的細膩表演，一切看起來都那麼真實，增強表演的感染力。

但是，華生萬萬沒有想到戴猛竟然會直接承認分析不出來真假。因為這樣的觀點其實並不光彩，去掉言語中的所有修飾詞，老闆的意思竟然就是"表演也可以沒破綻"。這就等於把所有關於微表情的功效都一概否定了。所以，華生半晌沒想到要怎麼接這個話，但心裏還是覺得非常彆扭和奇怪。

戴猛看到這神情，似乎猜到了他的感受，用手在華生面前晃晃，把他的神智喚回來才說："我知道你在糾結甚麼。聽我給你講個公案。"

戴猛嚥了嘴裏的食物，停下來講道："世界上有很多科研機構在研究微表情。其中最著名的幾個研究，都不是辛辛苦苦在實驗室裏統計學生被試數據的研究，而是對公共人物言行的研究，比如克林頓否定和萊溫斯基有私情時，被廣泛解讀的那個'眼睛和手指方向不一致'⋯⋯"

華生插話："那個解釋很荒謬⋯⋯"

戴猛把食指放在嘴唇上，示意他好好聽，接着說："是，荒謬到不值一提，看手法估計不是甚麼正經的科研機構出來的結論。不過，也有那些有模有樣的文章，比如美國阿肯色大學的學者和英國樸次茅斯大學的學者，2009 年在期刊'Motivation and Emotion'上聯合發表了一篇文章【29】，研究美國總統小布殊在演講時面部微小表情所產

29　Presidential speechmaking style: Emotional response to micro-expressions of facial affect，作者是 Patrick A. Stewart（美國 Arkansas 大學），Bridget M. Waller（英國樸次茅斯大學）和 James N. Schubert，該文發表在期刊《*Motivation and Emotion*》2009 年 6 月刊第 33 卷（June 2009, Volume 33, Issue 2, PP 125—135）。

生的影響【30】。"

　　華生還沒聽完,當即說道:"這不能算是微表情的研究啊!"

　　戴猛有點驚訝華生會給出這樣的結論,問他:"說說看,為甚麼?"

　　雖然他在問,但其實他對華生的結論很滿意,所以滿臉綻起笑容。有的時候,知識分子就是這樣矯情,已經達成共識的事情,因為說起來很爽,而且是雙方都爽,就一定要再說一遍。

　　華生直接道:"分析總統的公開演講?這不跟分析廣告裏的表演一樣嗎?只不過演員換成了總統而已。"

　　戴猛心裏暗道:"痛快!"

　　沒想到的是,華生理了一下思路,繼續說道:"這最多算是打着微表情旗號的表情識別研究,至少有兩個徹底失敗的實驗設計環節。"

　　戴猛這次是真有點好奇了,他甚至有點懷疑,"這麼快就想到了兩個缺陷?"

30　美國總統小布殊在 2009 年發表了一段 12 分鐘左右的電視公開演說,內容是關於美軍對於伊拉克入侵科威特的響應行動。研究人員們把這段演說中的表情分析了一遍,去掉了 7 個長度小於 1 秒的主要表情。按照 FACS 的標準,這些表情都包括了笑容所必需的嘴角上揚(AU12)。然後,研究人員組織了 206 個在校的本科生作為被試,讓他們一組人看完整版的錄像,另一組人看剪輯過的錄像。實驗的結果是,看過完整版錄像的被試反饋更好,因為他們感覺到的威脅和憤怒更少,而看過笑容被剪輯掉的版本後,那些被試則覺得感受到的威脅和憤怒比較明顯。由此,研究人員得出的結論是,微表情對於總統的演講感染力,具有比較明顯的影響。

2. 你看到的，都是"我"想讓你看到的

華生細細説道："一方面，演講的人，是不是真誠，怎麼保證他所表達的所有東西都是發自內心的，這是問題一；另一方面，參加實驗負責看錄像的人，在看過錄像之後所給出的反饋評價是否客觀可信，這是問題二。如果這兩個方面都比較可信，那麼針對它的研究就是靠譜的；如果二者之一存在不確定性，那麼針對它的研究就只能算是恍恍惚惚的討論，不應該得出甚麼確定的結論；如果二者都無法確定，那針對它的研究就是垃圾啊！"

"這篇文章中，實驗素材是小布殊的公開講話。那可是頂級的公眾人物對頂級公眾事件（軍事）的公開表達！不論如何，總統先生也不會睡到半夢半醒的時候臨時被拉起來去胡侃一通吧？往腹黑的方向去揣測，沒準在發表講話之前，邀請了多少位智囊反覆推敲觀點和詞句，然後背熟，再邀請多少位專家培訓演講姿態、表情和動作，以防止秘密心態被解讀，同時更加有效地傳達需要的效果。12 分鐘只是大家看到的最終結果，之前經過了多少具有針對性的訓練，是外人所不可能知道的。"

"所以，理論上，這 12 分鐘裏的每一秒，都是人家精心設計過、刻意用這種表達方式表達出來給我們看的。就像演戲一樣，每一秒都是有計劃有準備的表演，都是戰術決策的執行步驟。拿着這些表情和言語進行分析，就算一幀一幀地分析到神一般精準，也只能得出人家想要我們相信的結論。所謂'正中下懷'，大概就是人家心裏那種爽翻的感覺。"

因為實在說得很爽，華生的尾音變得鏗鏘有力。

戴猛實在聽得很爽，是兩種思想和觀點竟然完全吻合的那種暢快感，忍不住作出"撫掌大笑"狀，脫口補充道："很多人會說，哪有人能控制住那些不到一秒的小表情啊，那得多累啊！這種觀點也有道理，但關鍵的問題是，你完全沒有辦法確定哪個地方是無意的真實表達，哪個地方是刻意為之的。萬一把刻意的表現拿過來，當作真實的表達進行分析，就掉人家陷阱裏了。所以，這種單向表達，我是一律不敢用來推測人家的真實心態，從理論上講，都得假設為刻意表演而給屏蔽了。"

華生點頭讚道："是這個道理。所以，剛才您說的這篇文章，單獨就其實驗素材，也就是他們所號稱的'微表情'而言，本質上和演員所表演的那些大表情沒有任何差別。這就是它的第一個大設計缺陷——'扯虎皮，做大旗'，吸引眼球而已。這個實驗就是一個表情識別的實驗，只不過研究的對象表情時間都比較短而已。大家都知道的常識——政客都是好演員。"

戴猛搖了搖頭，歎道："可惜，從老 Ekman 到現在，還是有很多人以時間為定義微表情的核心特徵，認為時間短的表情就是微表情。這樣的觀點在學術界還是佔了比較大的分量，令人無奈！不過我也理解，你們當學生的，要看論文，自己也要寫論文，所以只認發表出來的論文裏怎麼說，不會想到基本的合理性問題。"

華生的臉不由得紅了一下，心裏想："老大，還好我已經畢業了。您這一句，會傷了很多人的玻璃心。棍掃一大片！"畢竟身份是擦邊球，華生不知該怎麼接，所以一時怔在了那裏。

　　戴猛嚼了一陣之後，發現沒有下文了，詫異地抬頭看了看華生。華生趕忙清了清嗓子，尷尬道："老闆，你看我幹嗎？我等着您繼續說呢。"說的時候，眼神閃爍了一下。

　　戴猛知道，華生說謊了。那個閃爍的眼神，就是破綻。

　　人在希望獲得信息的時候，會首先用視線對準目標。所以，如果華生真像他自己所說的那樣"等着您繼續說呢"，視線就會一直關注在戴猛的眼睛上。因為，戴猛要說話之前，也一定是先把視線定位到華生的眼睛上[31]。

　　因此，華生在對話過程中視線閃爍、對視中斷，則意味着至少以下一種情況發生：

　　1. 我不想聽了；

　　2. 我不太想說；

　　3. 我說也行，你聽不聽無所謂，最好別認真聽。

　　至於究竟是因為慌張，還是因為尷尬才導致的視線逃離，還需要進一步確定。但不管因為甚麼，這三條表意肯定是穩穩地呈現出來了。

3. 語言表達的不可信之處

　　其實，戴猛都明白。

31　在對話情境中，"對視"更加重要。聽的人如果真心想仔細聽，會尋求對視；說的人如果真心想說，會尋求對視；說的人如果迫切希望對方聽到、聽懂，就更加會先保證對視的建立才會開口。

剛才，華生的眼睛本是向下看的，看到自己抬頭，才慌忙提上來表達了笑意。那個原本向下的視線，洩露了他剛剛心情的"沉淪"，應該是覺得弱勢的尷尬才會有的表現。弱勢，只可能來自一個原因，那就是自己說的那句"你們當學生的"。

不過，這樣的情境都沒有必要說清楚，對雙方都沒有必要。

因此，戴猛鼓勵華生道："我倒是想先聽你完整的吐槽，看看你認為的第二個致命缺陷是甚麼。"

華生已經理清了自己的思路，把剛剛的尷尬拋到腦後，繼續開始吐槽："在心理學的實驗中，被試的反饋評價是主要的數據。一個科學實驗的結論是否可靠，被試的反饋評價和它的統計方法是很重要的。現在，僅僅憑被試的一段主觀表述，已經不能作為有效的實驗數據了。"

"你怎麼能確定被試說的是真的，他們會不會是故意配合或者故意刁難？例如下面所謂的'實驗數據統計'：

老師問：'看過這段影片，你難過了嗎？'

被試答：'老師，我難過了。'

老師問另外一個同學：'看過這段影片，你害怕了嗎？'

被試答：'老師，我不害怕。'"

"呵呵。就算學生們不做假，也會存在一個無法逾越的障礙。用語言來描述某些感覺，怎麼能確定其還原性呢？就像說，冰激凌好吃，那麼它是甚麼味道的呢？除了涼、甜味和奶香，其他的所有描述都是個人言語習慣，不能代表主觀所感受到的味覺。"

"靠譜的實驗數據，至少應該是可以量化的，能夠被客觀計量的。”

“比如，計算機程序的認知選擇題，或者用儀器採集被試生理數值的變化，再或者有客觀信息證明，比如有監控錄像證明其説沒説謊，等等。”

“這個實驗裏，讓這兩百多個學生憑口説説，‘感覺到的威脅和憤怒更少’，沒有任何可信的保證機制。你説它有數據嗎？也有，問卷調查表。還能説甚麼呢？就是把嘴裏説的感覺，用選項固定到了紙上而已。”

華生説完，尾音再次鏗鏘有力……

戴猛覺得自己不便説話。他的確想誇，但又覺得現在誇，多少有點涉嫌形式化、流程化，就跟註明“此處有掌聲”似的。於是，他就沒説話。

華生説完之後是在等反饋的，心裏當然盼着有誇獎和認可，但又不能表現出期待。所以，也沒説話。

然後，兩人又都會注意自己的表情和動作。於是……

這種對坐無語腦空白的時候，最佳緩解尷尬的方法，就是繼續討論專業問題。

華生問道：“老闆！”

戴猛也巴不得他先説話打破沉默，於是立刻假裝彈了彈膝蓋上的塵土【32】，然後把身體往椅背上一靠，搭起二郎腿，一副很有尊嚴的樣子【33】。

　　其實，戴猛的膝蓋上哪裏來的塵土？就算有麵包渣，有必要現在彈嗎？

　　華生也順着這個尷尬被化解，問道："據此，在學校裏看錄像捕捉學生的'微表情'不行，分析公眾人物的公開影音資料也不行，那可怎麼辦？我心裏真的覺得微表情是存在且有效的啊！究竟應該怎麼研究？"

　　正說到這裏，身邊的玻璃窗傳來的"砰、砰"聲嚇了兩個人一跳，扭頭看時，發現窗外貼着一張極其難看的臉，正直勾勾地盯着戴猛，目光兇狠。

32　我們之前曾經介紹過，有一種反應叫做"安慰反應"，包括揉鼻子、摸手、舔嘴唇之類的小動作。這類反應有兩個特徵，一是沒有表達意義；二是會讓行為人自己覺得舒服。所以，人在尷尬、不安或者彆扭的時候，會出現這些沒必要的動作。戴猛此刻彈膝蓋上的塵土，就是安慰反應。這個動作主要的作用是，填充令人尷尬的空白。"你看，我可沒有呆呆坐在這裏無所事事，我沒有尷尬，我在整理着裝！"以此來讓雙方心裏都好受一點。

33　隨後戴猛的一仰一靠，以及二郎腿的蹺起，是舒適的表現。因為，這個情境中，戴猛還是強勢的一方，心態是輕鬆的。如果此刻華生也做出這樣的動作和姿態，你猜戴猛會怎麼樣？強勢一方不允許對方和自己表現得一樣強勢，一樣的動作會立刻讓強勢方不爽甚至產生輕微的憤怒。"竟然敢放肆地跟我擺一樣的姿勢，還有沒有長幼尊卑了！"城府淺一點的人，還會出現"凍結反應"僵在那裏反應一會兒，甚至還會黑臉。

第4章

對戰 "老江湖"

1. 如何通過表情分析他人的想法

原來砸窗戶的，是路邊的停車管理員。

戴猛笑了一下，朝着外面打出了 OK 的手勢，連忙站起身來，叫上華生一道向外走。

華生也才反應過來，看了一下自己的手錶，發現他們早已超過了 10 分鐘，不知不覺地互相吐槽了個把小時。

停車管理員看罷戴猛的反應，才轉身悻悻地走開，但並沒有走出多遠，而是逡巡在車的附近，不時地拿眼睛瞟【34】着這兩個說話不算數的人。

戴猛突然停下腳步，站在路邊開始回答華生之前的那個困惑："微表情的核心要點，既不是限定形態幅度，也不是規定持續時間，而是需要盡可能確定它是真實情緒的表達，而不是偽裝和表演。只有這樣，才可能在後期進行形態分析，然後推導情緒。那麼，怎麼才能確定你所看到的各種面孔動作不是故意的表演呢？"

華生本以為戴猛在自問自答，但當他發現戴猛一直停在那裏後，才明白這是一個對自己提出的問題。他再次仔細地想了一下，然後輕輕地搖了搖頭，說："我想不出來。"

---

34 "不時地拿眼睛瞟"這個動作，可以細細拆解為：不時＋瞟。"不時"的學術化提法是反覆多次，且頻率較高。這樣的視線變化，可以解讀出兩個重要的心態：1）表示當事人想看，每看一次都代表了關注的意願；2）短時間內高頻率地反覆看，則表達了當事人自認為盯着看不妥。"瞟"的意思是，面孔不正面相向注視對象，斜側着眼睛看，而且視線快去快回不停駐。這是一個偷偷摸摸的視線動作，也驗證了前面"自覺不妥"的判斷。所以，"不時地拿眼睛瞟"，是非常關注的表示，但他又自認為不妥，不應該或者不敢持續看。所以，如果有人在遠處不時地拿眼睛瞟你，那麼請注意：還沒開始，他就心虛了。

戴猛睜大眼睛，提高音量說："對！就是沒有辦法確定。除非，我們給被分析的對象加載複雜的測試儀器，比如 FMRI……"

華生小聲地說道："功能核磁！【35】"

戴猛點頭，繼續解釋："沒錯。精密儀器的局限性就在於它們的不方便，不能日常使用。前面我們討論過一個基本規範，那就是對單向表達絕不進行推導分析。如果要分析，那些表情和動作必須是受到刺激之後的反應表現。因為，在真正的生活情境中，人的情緒也是由各種各樣的刺激源引發產生的。所以，想通過表情分析別人的想法，必須先進行有計劃、有意圖、有目標的刺激。所以，我覺得叫'微表情'不嚴謹，應該把它叫做應激微反應。"

華生聽到最後一句話的時候，眼睛的眨動明顯加快了【36】。他問道："您不把這研究稱為'微表情'？而是叫做'應激微反應'？也是

---

35 fMRI 叫做功能核磁共振，是一種神經活動測量技術。使用 fMRI 能確定腦結構中哪一部分耗氧量增加，也就得出那些部分正在興奮地工作。如果監測到主管情緒的腦結構耗氧量增加了，就能驗證情緒的發生。這些腦內的變化和面孔上的表情如果同步，就能夠確定其表情是真實的。但是，現在這類實驗還是使用的視頻刺激法，被試躺在機器裏看視頻，身邊都是機器的轟鳴聲，很難還原人們現實中各類自然產生的情緒，更何況還要捕捉和分析表情，更何況還要求是有抑制、有干擾的微表情。目前是行不通的。

36 眨眼動作的本質，是快速地一閉一睜。如果長時間閉上眼睛，就表達了明確的不看意圖。比如，"如花"正摳着鼻孔向你逼近的時候，大多數正常審美的人就會選擇閉上眼睛。其次，眨眼＝多次閉合＋多次睜開。這個糾結的動作組合也代表了糾結的內心——又不想看，又必須睜開眼睛。不想看為甚麼還要把眼睛睜開，因為情況不允許眼睛全部閉上。所以，才會出現強迫性地閉上一睜開一再閉上一再睜開，這就是快速眨眼的兩個心理動因。負面刺激導致閉眼動作，比如不願意面對的、有威脅的、有困難的，統稱為負面刺激；保持關注則要求睜開眼睛面對當前情境。所以，人在腦子運轉速度加快但又跟不上、想不通、得不到答案的時候，就會出現眨眼變快的複雜反應，因為他想跑又不能跑。編謊話編不過來的時候會眨眼，但是，不要認為只要眨眼一增加，他就在說謊。因為，不說謊的時候如果腦子轉不過來，也會眨眼。比如，疑惑不解但還努力嘗試理解的時候，就會有這樣的變化。眨眼增加，能推導出的結論是：腦子不夠用了。至於為甚麼腦子不夠用了，還要再單獨分析。

對應英文的‘Micro-expressions’嗎？”

眼睛眨動加快，是腦子不夠用了的表現。

華生的眼睛眨動加快，説明他的腦子在最後跟不上了，想問題開始吃力。

戴猛豎起個大拇指，高興道：“對，還是這個詞。民眾和一些研究人員管它叫微表情，民眾是受了電視劇的影響，字幕組給翻譯成‘微表情’了。只有 facial-expression，才能翻譯成表情。沒有這個前綴，expression 有很多其他的意思，包含所有的表達方式。中國的語言裏面，就是把表情習慣性地認為是面部表情。所以，micro-expression 不能僅僅翻譯成微表情，還應該包括其他微小的表達。既然刺激源是必要前提，那麼之後的應激表現就順理成章地可以被稱為反應。”

華生點頭表示認同，眨眼的頻率也恢復到常態。戴猛的確考慮得更周全、更嚴謹，也更符合中文的習慣。他默默唸叨：“先做刺激，再看反應，應激微反應。”突然，他猛地抬頭問道：“那您怎麼做有效刺激源呢？跟學院派的方法有甚麼不同嗎？人對同一個刺激反應都會一樣嗎？”

就在這時，停車管理員臉色陰沉沉地朝着他們走過來。

戴猛忙輕輕在華生耳邊説了一句：“注意刺激源的作用。”

2. 現場教學：先做刺激，再看反應

戴猛看到停車管理員靠近，示意華生上車，他自己也坐上車，繫

好安全帶，發動車輛，但故意沒有落下車窗【37】。這一系列動作就在管理員的咄咄目光下完成，隨着車輛引擎的啟動，管理員的上嘴唇越來越向上，幾乎露出了牙齒，就如同野生動物捕獵之前的動作一樣，同時，眉毛皺得越來越低，眼睛盯得越來越狠【38】。

戴猛故意把這個過程拖長了幾秒鐘，示意車裏面的華生仔細觀察管理員的臉。有了之前的提示，這個在普通人看來非常短暫的過程，卻在華生的眼中如同慢鏡頭般清晰無比。

就在管理員再也按捺不住，舉起手指準備敲打車窗並理論的時候【39】，戴猛按下車窗，並遞出一張 20 元錢【40】。

管理員的臉上馬上就恢復了平坦，眉毛歸位、眼睛鬆弛，嘴巴也變成了正常的樣子。整個過程，不到半秒鐘的時間。這個迅速的變化，讓華生心裏再次強化了 "刺激—反應" 這對有趣的組合。

戴猛接着說了一句："大哥不好意思啊，聊天太投入，忘記時間了。"【41】

這句話如同春風吹皺一池碧水，管理員刻板的臉上立刻呈現出了高興的笑容，眼睛瞇瞇的，嘴角上揚，豪爽的人啊，居然還咧開嘴唇露出了牙齒。他一邊捏着錢裝進口袋，一邊笑容滿面地點了下頭，並揮手示意車輛可以離開。

37　戴猛的第一個刺激源。

38　憤怒的表情形態。

39　敲打車窗這種不客氣的行為，"理論" 其實是吵架的文明說法，二者都是進攻行為，旨在擊敗對手，保全自己的利益。

40　戴猛的第二個刺激源。

41　戴猛的第三個刺激源。

也許是出於"職業自尊"，或者是因為之前被"收不到錢"的想法壓得有點久，管理員剛剛堆起的笑容很快又消失了，繼續回復為掌握了某種權威的嚴肅面孔。

這一系列的"刺激—反應"模式，是戴猛完成給華生看的。

之前故意不開窗，是為了激起憤怒，因為他們停得太久了，又表現得沒打算給錢的樣子。管理員果然憤怒了，那些表情就是憤怒情緒的表達，皺眉、瞪眼、齜牙。然後給了 20 元錢，立刻就化解了憤怒。

但是，這些都是明顯的情緒反應，當事人基本上沒有做任何自我干擾或者抑制，所以還算不得微反應。

3. 分析他人的第一步——定基線

戴猛說："我帶你去見個人。"

後視鏡裏，華生看到管理員大哥轉過身去，繼續冷漠而威嚴地巡視着自己地盤裏的其他車輛。

當戴猛的車趕到北安橋下的時候，一輛凌志打着雙閃燈早已停在路邊。戴猛停在它的後面，並示意華生不用下車，自己迎上前去。前面的車裏走下一個人，先和戴猛握手，同時，略微側頭，目光越過戴猛的肩，朝華生坐的副駕駛位置看了一眼。華生在那一刻恰好迎上了那人的目光。當他看到對方臉上湧現出的笑容時，不由得有點窘迫，因為覺得那笑容有點奇怪。

那人在戴猛耳邊唸叨了一句甚麼，然後兩個人哈哈大笑，那人還用拳頭在戴猛的肩膀上砸了一下，並笑着上下晃動着食指指向戴猛，然後轉身上車，走了。

戴猛保持着臉上的笑意回到車上。華生心裏被他們奇怪的交流弄得有點毛，那人望向自己的一眼以及那有點奇怪的笑容，又浮現在自己腦海中。

不等華生問，戴猛主動説道："那是我們公司銷售部門的總監黃大衛，經歷豐富，閱人無數，穿梭在 B 市的白天黑夜裏游刃有餘。剛才他看你那一眼，你注意到了嗎？"

這正是華生心中的疑惑，既然戴猛問到，也就點點頭。

戴猛卻繼續問道："你不覺得他看你之後的那個笑容挺有意思嗎？研究生同學，你猜他跟我説的是甚麼？"

華生只能説不知道，不知道就不瞎猜，猜對猜錯都不好。

戴猛覺得這個反應很有意思，就坦白告訴他："他説，'這就是你面試的那個小基友？'"

此言一出，華生心裏咯噔了一下，他是在意這個的，連忙調整了一下坐姿，不知道該怎麼自處了，尷尬得不得了。

戴猛問道："就那個笑容出道題考考你，你覺得黃總排不排斥同性戀？"

這麼一説，華生有了興趣，開始恢復常態，並一邊想一邊試着説道："我當時也覺得那個笑容很奇怪，現在想想看，除了正常的笑之外，還有兩個特點。"

戴猛"嗯"了一聲，表示鼓勵他繼續説下去。

華生繼續道："肯定不是那種純粹的開心的笑，因為他笑的時候，眼睛是盯着我的。開心的笑不會搭配這麼集中的目光【42】。另外，那笑容好像有點得意，就像知道了別人甚麼秘密之後的笑。"

戴猛道："感覺還不錯。老江湖的表情，向來是我的最愛，因為他們藏得最深，往往套着幾層社交面具。他那個笑容裏面，的確像是摻雜着關注和輕蔑的表情成分。你繼續。"

華生問道："哦，對，是那種知道了秘密的得意，其實就是輕蔑的笑容。不過，這個輕蔑不是咱們平常説的看不起吧？我覺得是一種掌控感。"

戴猛頓了一下，看了看華生的反應，繼續道："如果讓你來評價，那個笑容是不是可以簡稱為'壞笑'？"

華生想了想，點頭稱是。

戴猛道："好！這個'壞'很關鍵。你覺得他得意也好，輕蔑也好，其實是因為他的兩側嘴角笑起來不平衡，右邊的更高。抿着嘴笑本就隱晦，再一歪，更顯得有深意。"

華生仔細一想，的確是那樣。這個時候，華生心裏產生了一種衝動，真想去買一台便攜式的攝像機，把戴猛眼中看到的場景都同步用機器拍下來。他並不知道的是，他能夠按照戴猛的描述回憶起來當時場景的細節，已經是非常了不起的天賦了。戴猛在三年前，

42　人在沒心沒肺地大笑時，眼睛甚至會閉上，就算不閉眼，也會有眼球向上翻的動作。這樣的笑容是最純粹的情緒表現，沒有摻雜任何思維和想法，光顧着高興了，暫時對其他東西不在意、不關注了。如果笑的過程中視線卻一直停留在對方身上，就算很短暫，也足夠説明那一刻他在集中精神觀察，因為視線的穩定表明他試圖獲取你的信息的意願很強烈，比如想看你的反應，或者是想説點對你表達甚麼。人類用眼睛收集信息是為了分析信息然後做決策。我們這種聰明的動物，不會無緣無故地光看不想。所以，當一個人在笑的時候，腦子裏卻同時在努力地獲取和處理信息，這樣的笑就已經可以歸結為"理性的假笑"了。

還因為找尋不到具有這種敏感度和記憶天賦的人而鬱悶了很久。

戴猛繼續解釋道："嘴角的不對稱，從表情形態來講，就是輕蔑的典型特徵。即使非常輕微的上唇提升被發現，我們也可以推斷厭惡類情緒的產生。【43】"

華生心裏在快速理解和消化，他知道，剛才這段分析，就是戴猛強調的分析通道裏的第一個階段——"從表情推導情緒"，在這裏具體到了"從'不對稱上唇提升'推導出'輕蔑情緒'"。但他覺得"輕蔑"這個詞很刺耳。

戴猛繼續講解給華生聽："那麼第二個問題，就是要找到原因，他在輕蔑甚麼？或者說，是甚麼引起他的輕蔑？我們找找看，刺激源是甚麼？"

華生聽完戴猛的這句話，似乎能夠感覺到接下去洶湧而來的邏輯鏈。

戴猛繼續說："剛才的場景很簡單，黃總就是在看到你之後露出了笑容。所以，我們可以做一種假設，即刺激源和反應之間的因果關係非常簡單：一是他肯定聽說了白天我和你之間發生的故事，二是他看到了我和你在一起，這兩個因共同成為他壞笑的刺激源。"

華生輕輕咳了一聲，大概是對"我和你之間發生的故事"以及"我和你在一起"有點敏感。

戴猛沒在意華生的這點尷尬，繼續說："接下來就可以知道他對

43　對稱的上唇提升，往往具有敵意的表示，比如不喜歡、討厭，甚至威脅；不對稱的上唇提升，則意味着當事人的心態輕鬆很多，比如不屑或者輕蔑；二者是不同級別的厭惡類情緒。所以，一般人的單側嘴角更高，就可以推斷出輕蔑情緒的存在了。

同性戀所持的態度了。"

　　見華生睜大眼睛一臉詫異，戴猛只好繼續解釋道："現在我們知道，如果表情透出了輕蔑，輕蔑又是因為看到我和你在一起，那麼你就可以開始做選擇題了。三個選項，A 代表接受，B 代表排斥，C 代表喜歡和羨慕。你覺得黃總是哪種？"

　　華生還沒能用邏輯連接前後的對話，只好暈頭漲腦地喃喃道："B 吧。為甚麼要問這道題？"

　　戴猛哈哈一笑，像一部開足馬力的機器一樣，一口氣說道："這麼說吧，如果黃總是個十足的同性戀，他也許會因為親眼看到我們兩個私會在一起而流露出羨慕，因為你條件不錯，這時候就選 C。"

　　華生可是腦袋裏轟的一下，差點脫口而出："甚麼叫'條件不錯'啊！"他盯着戴猛，試圖用"犀利"的目光制止這位老闆再胡說八道。

　　戴猛沒理會這些，繼續娓娓道來："如果他是排斥同性戀的，那麼就不會跟我開這個玩笑，因為他既不願意提，也不會讓我尷尬，所以最好的表現就是避而不談。那麼就選 B。"

　　這麼逐層地分析，華生聽明白了，搶話道："我來試試。如果他是接受同性戀的，就會以一種輕鬆的心態來調侃，不論真假，到底是好玩的事，所以是有着掌控感的愉悅。不羨慕，不排斥，所以選 A。對嗎？"

　　戴猛揮動了一下手臂，愉快地回應道："恭喜你！答對了。我們人類就是這麼奇怪的動物，只要覺得自己有一點比同類強，就會有優越心態，進而產生不屑、輕蔑、得意等情緒。他對這件事的判斷和心態，決定了他可能會出現輕蔑情緒。你看，現在我們通過一個笑容，分析到了情緒，再由情緒找到了刺激源，最後知道了他是不是在觀念上接受同性戀。有沒有覺得三層邏輯太複雜了？"

華生掰着手指頭數道："表情到情緒一層，情緒到刺激源一層，一旦情緒和刺激源之間建立了因果關聯，那麼當事人的心態就出來了，這是第三層。還行，得回去消化消化，但能基本聽懂。"

他忽然又想到一個問題，追問道："那黃總當時也是這麼一層一層想清楚的嗎？"

戴猛答道："當然不，他不會像我們現在這樣縝密地梳理自己的想法，甚至他當時可能沒有任何想法。這是長久的世界觀積累產生的快速判斷，然後動物性的情緒機制又藉此產生並控制了感受，他自己也許根本不會意識到這個判斷過程的存在。所以，如果他有輕蔑的話，他的輕蔑也沒有經過'想'，是沒有惡意、沒有目標的輕蔑，就是一種動物的本能。"

華生恍然大悟："哇！這個例子好！居然能分析出黃總是不是觀念上接受同性戀！厲害！"

正在得意的時候，突然聽到戴猛正色道："你高興得太早了！"

華生一下子怔在那裏，不明白這句話是甚麼意思。

他用眼神詢問，戴猛非常嚴肅地一字一頓地說道："你忽略了一個最重要的問題，黃總的上嘴唇，總是那樣有點歪的。就像一個人是羅鍋一樣，能說明他一直在認錯嗎？這是他的個人基線[44]，是常態特徵，所以他的歪嘴唇不能被定性為輕蔑。雖然我們後面的分析過

---

44 基線，是指一個人不做偽裝的時候的樣子。

程都沒錯，可惜從頭起，就不能成立。"

華生覺得整個腦子裏一下子空了，像是滾燙的石頭上澆了一瓢涼水，霧氣蒸騰，輕飄飄的。他問："就是說，對於黃總來講，他的這個基線特徵決定，那根本不是壞笑，只能算是普通笑？那他到底接不接受同性戀？"

戴猛說："對。分析任何人，千萬別忘了先確定基線，否則就從頭錯到尾。因為這個笑容形態是黃總的基線形態[45]，所以根本就沒法推導出我所問的問題！"

戴猛在把華生送到學校大門時，告訴他說："先給你留個作業。"

華生抬眼看看戴猛，眼中閃過一絲不解的神情。

戴猛講："等錄用通知，該上班就來上班。但是，要請你先完成一組對動物行為的觀察和記錄，記錄牠們的各種應激反應。六週之後，提交詳細的素材列表和觀察日誌給我。"

老闆交代的事情，沒得挑，華生只好懵懵懂懂地答應了。

---

45 基線可以分為兩類，一類叫做有無表情的基線，一類叫做真假表情的基線。一個人平靜而面無表情的樣子，就是有無表情的基線。一旦臉上出現了任何變化，也就都違背了有無表情基線，可以針對肌肉運動進行分析，得出表情的情緒歸屬。例如，如果一個人在平靜的時候，也習慣皺着眉毛，那麼皺眉這個動作就是他的基線樣態。從這個形態開始，如果皺眉加重，或者揚眉，或者聳眉，則可以分析其肌肉運動的形態和幅度，進而分析表情形態。但僅僅是皺眉這個形態的話，沒有任何意義，因為這是基線。真假表情的基線，指的是一個人真實的情緒表達形態，比如真笑、真哭、真生氣等等。如果掌握了這個基線標準，那麼很容易拆穿表演出來的喜怒哀樂，因為表演的表情會存在很多缺陷和破綻。剛才黃總的那個上嘴唇不對稱的基線，就屬於有無表情基線形態。他平時笑起來都有這個特徵，那麼這個動作就不能作為輕蔑表情產生的判斷依據。

第 5 章

日誌：弱肉強食

1. 第一週：驚訝 = 關心 + 意外

儘管室外的驕陽烈日，曬得整個城市都冒着火氣，但是室內的溫度，卻涼爽得恰到好處。中央空調輕輕地揮動着繫在出風口的紅色軟絲帶，卻不發出一絲聲響。實驗室所在的整棟樓層都是安安靜靜的。

因為是週末，午後的教學樓裏一個人都沒有，除了華生所使用的工作站還亮着它的三台顯示屏外，其他同學的電腦都是一水兒的"黑臉"。在那三台屏幕上，顯示着兩隻小白兔的實時監控錄像，牠們正安逸地吃着胡蘿蔔。

突然，"啪嗒"一聲門響。雖然聲音不大，但是在如此安靜的環境中，還是非常突兀。

兩隻兔子頓時停下動作，抬起頭，鼻翼不停地顫動着，努力地呼吸，耳朵也立刻豎起來朝着響聲傳來的方向，兩隻眼睛會微微地轉動少許，盯着門的方向看；身體其他的部分一動不動，靜止了2—3秒鐘，只有胸腹部分在小幅度地快速呼吸。待華生走到籠邊，牠們才趴下去繼續自己的午飯。

華生點停了錄像軟件，把剛剛的畫面存儲到自己的磁盤陣列裏。他隨手在電腦上敲下一行筆記。

　　　刺激源：安靜環境下的突發聲響；反應：停止進食，抬頭（有一隻抬起前爪），視線專注，耳朵轉向刺激源，身體其他部分靜止，呼吸高頻小幅，持續3秒鐘。

這兩隻兔子作為華生的實驗"對象"已經有一段時間了。

華生調取了近期錄製的 20 段高清錄像，按照音軌找到突發聲響的那一瞬間，把畫面放大到兔子的眼睛上，慢放兔子們受驚的最初那一瞬間。他的的確確看到在兔子紅色的眼球中央，黑色的瞳孔一幀一幀地放大，儘管不到半秒鐘，這個變化卻在慢鏡頭下清晰無比，紅色和黑色的鮮明比對讓華生非常興奮。

他截取了這 20 個單秒的片段，並把它們存儲在一起之後，又激活了正在後台工作的另外一款錄像軟件，把剛剛自己的表情變化監控錄像也存儲下來。

這是華生非常得意的實驗設計，一邊的數據是用沒有邏輯思維的動物反應，來證明刺激源與動物反應之間的關聯；一邊是同步記錄看到這些神奇現象的人的表情變化，尤其是眼睛。到目前為止，包括他自己在內，已經拍攝了自己的老闆、同學、師弟師妹以及公司 23 個員工的錄像。今天的這段，自己又是第一個被試。他回放自己的錄像後看到，軟件的標尺顯示自己在看到這些神奇現象的時候，上眼瞼提升了，而且黑色的瞳孔在紅外攝像頭的捕捉下，也在那一瞬間放大了。

切換到臉部和軀幹的全景機位之後，華生還看到自己：眉毛有小幅度的提升、微微吸氣之後呼吸暫停、身體的其他部位都隨着呼吸暫停了不到 2 秒鐘。

驚訝的原理

驚訝是動物的生存策略。

在弱肉強食的世界中，任何風吹草動都值得關心。不會警覺的物種早已在漫長的進化過程中被天敵消滅了。

驚訝情緒引發的警覺反應，是用來收集和判斷信息的。在這個時候，情況還不明朗，也許是天敵來襲，也許是虛驚一場，所以需要儘快做出正確的判斷，來保證自己不受傷害。

而要做出正確的判斷，前提條件是收集盡可能多的信息。無論是視覺、聽覺，還是對周圍空氣流動的毛髮觸覺，都需要在一瞬間儘量收集。視線的集中穩定、瞳孔的放大，是為了加強視覺信息收集；耳朵的轉向和自身的安靜，是為了加強聽覺信息收集；滿身的毛髮能加強皮膚對空氣流動、溫度等變化信息的收集。搞清楚的狀況越多，做出的決策就越安全。然後，儲備足夠的氧氣，一旦決定做出，該跑就跑、該藏就藏、該打就打。

2. 第二週：厭惡＝決絕＋排斥

華生最近有點煩躁，因為在做動物實驗的時候，怎麼也拍不到厭惡的時候動物的瞳孔有甚麼變化。

兔子、貓和狗都拍了個遍，分別用長毛的胡蘿蔔、發臭的老鼠屍體以及貓的尿液浸泡過的排骨，這些小動物們只知道後退和扭身離開，根本就沒有甚麼"表情"。

因為牠們總是試圖躲開刺激源，所以固定的攝像機位捕捉不到瞳孔的變化。用動態的機位來拍攝，又怕干擾了動物們的反應。用小的動物玩具對牠們挑釁，兔子沒甚麼反應，貓和狗卻都直接拿下對手，又扯又咬的，沒有像人一樣出現輕蔑或者不屑。

華生把這困擾跟戴猛講了，並提出一個方法，他說："能不能把動物們固定住，用軌道推着往前走，靠近刺激源和攝像機，這樣就能拍下來瞳孔的變化。您覺得呢？"

戴猛當即把手一擺，說道："這方法得到的數據，肯定是髒的【46】。"

華生大吃一驚，沒想到戴猛否定得這麼決絕，追問道："一定是髒的嗎？"

戴猛說："我只問一個問題。固定了動物，逼着牠們往刺激源去，你怎麼知道牠們是出於恐懼，還是你所期盼的厭惡，才出現了瞳孔變化呢？"

華生立刻就明白了其中的關鍵所在，不好意思地低頭笑了笑，復又抬起頭，鄭重地對戴猛說："老闆犀利，我徹底明白了。"

厭惡的原理

厭惡是動物的生存策略。

厭惡的最原始刺激源，是變質的食物和發臭的氣味。在

46　在收集科學實驗數據的過程中，數據可能被實驗環境、方法等影響因素所污染，引起結果的偏差。所以，戴猛此處所講的 "髒"，就是指被污染。

動物的世界中，沒有醫療藥品，吃下去就意味着戰鬥力大幅減弱，出現疾病甚至死亡。

所以，在漫長的進化過程中，沒有這種排斥能力的物種，已經被淘汰了。變質的食物和發臭的氣味本身不會動，沒有主動威脅性和進攻性，只要採取遠離和排斥的方法，就能保證自己不受傷害，因為它們不會追上來。但是，如果揮發出來的化學物質過於濃烈，動物們也需要通過閉上眼睛、屏住呼吸等方法阻斷，並儘快逃離刺激源。

所以，厭惡機制引發的行動包括：

通過閉眼或者眯眼來減弱或拒絕視覺刺激；

通過屏住呼吸或者關閉鼻孔來拒絕氣味刺激；

通過閉緊嘴來拒絕食物的進入和味覺刺激；

身體向後退；

通過手臂或物品來阻止刺激源的接近。

3. 第三週：憤怒＝保護自己的利益

華生已經開始觀察動物們發怒的樣子了。

雖然華生不捨得自己養的動物發怒，但是好在這方面的資料非常好找，因為互聯網上有大量的鬥雞、鬥狗、鬥牛、鬥馬，甚至逗蟋蟀的視頻。華生還找了大量專業的紀錄片，裏面有老虎、獅子、袋鼠等大型動物的捕獵、競爭和相互對抗，所以無須自己費心拍攝，就能收集到這些影像。

　　動物們不會表演，一旦發起怒來，是真刀真槍地幹，沒有絲毫保留。

　　華生首先分析了人為操縱的那些動物爭鬥比賽的特點，發現這些動物們發怒的原因，大抵可以總結為"不服"二字。牠們沒有思想，僅僅是從外觀上來判斷對手，按照自己的脾氣秉性和習慣，千方百計致對方於死地。也許不排除有人為撩撥的因素干擾，但華生想，"爭強好勝"的慾望肯定是讓動物們發狂的直接原因。

　　反觀紀錄片中的動物，發生爭鬥的原因就非常明確了，不外乎爭奪食物、爭奪交配權、爭奪配偶、爭奪領地這幾類，也就是説，自然界裏的動物憤怒，都是為了食物和繁衍。即便是鬣狗這種體型小些的食肉動物，也會憑藉着群體的力量跟獅子較勁，引起獅子的憤怒。

　　所以，動物憤怒的本質，可以總結為搶資源和保護自己的利益。一旦自己的資源（食物或繁衍權）被別的動物威脅，牠們就會憤然出戰。牠們也爭強好勝，但目的更明確，因果關係也更簡單。只有打贏了，才能有吃的、有孩子，輸了的也許命就沒了。其實，那些被人養來比賽的動物，也是這樣的因果關係，贏了的好吃好喝，也許還能配種，輸了的就會很慘，只不過牠們的命運不是直接由對手的戰鬥力決定，而是多了一層人定的規矩。

　　動物憤怒的表現集中體現了以下幾個特點：視線高度集中，嚎叫助威，使用牙齒和爪子或者堅硬的喙部作為攻擊武器，全身肌肉發力參戰，動作幅度大且頻率高，呼吸加劇。

憤怒的原理

憤怒，是動物的生存策略。

所有動物憤怒的時候，身體形態幾乎一致：

視線集中，是為了看清楚鬥爭對手的一舉一動，保證自己不吃虧；

嚎叫、低吼、抬高軀幹、齜牙、探爪，是為了顯露能量形成威懾；

各類攻擊動作，是為了破壞對手的身體機能，要使用這些危險的動作，則需要肌肉的快速運動；

肌肉的快速運動，需要血液輸送更多的能量供之消耗，同時需要氧氣供給大幅增加。

4. 第四週：恐懼 = 無力抵抗的威脅

華生不忍親自作為實施恐懼刺激的那個人，畢竟在他眼中，自己養的小動物們是無辜的。

華生只能花費大量的時間尋找和觀看各類動物實驗和野外動物們的生存紀實。但遺憾的是，紀錄片中動物們在面臨受傷和死亡威脅的時候，能夠拍到大的肢體狀態，卻很難拍到眼睛和瞳孔等細微的運動變化。

鱷魚突襲過河的斑馬，蛇吞食老鼠、兔子，小獅子被新的獅王慢慢逼近，小鹿與父母失散後慌張逃竄……這些自然界的生命輪迴看多了，會讓人覺得一切都很自然，沒有人間悲歡離合那麼令人難過。華生對這個世界的認識也越來越清晰和客觀。從最初對小鹿的憐憫，到同情因為飢餓而奄奄一息的獅子，再到反思兔子因為沒有天敵而泛濫整個島嶼所帶來的破壞，華生漸漸明白了自然界的法則，也領悟到了一些人類社會的規則本質。

　　動物們在面對危險的時候，第一時間的反應是跑——各種奔跑。一邊跑，一邊不斷調整方向，用眼睛尋找更加安全的逃離方向。所以，慌亂的眼神特點是，快速移動、方向多變。

　　如果被逼到角落裏，或者喪失了逃跑的能力而無處可逃的時候，則會出現大量恐懼的表現，包括：收縮身體、極為快速的小幅度呼吸、瑟瑟發抖、毛髮乍起、發出高頻但小音量的呻吟聲或尖叫聲，有的動物還會大小便失禁。

恐懼的原理

　　恐懼，是動物的生存策略。

　　所有動物恐懼的時候，決策和動作的特點都非常接近：

　　視線快速轉換，是為了找尋更多的環境因素，尋找逃跑的可能性；

　　動作停止、身體收縮，是為了儘量避免被天敵發現，這個時候連呼吸都會屏住或減弱；

　　各種逃脫和隱藏，都需要肌肉的快速運動，所以害怕的時候動作頻率會比平時加快很多，這也是交感神經興奮的結果；

　　肌肉的快速運動，需要血液輸送更多的能量供之消耗，同時需要氧氣供給大幅增加，所以這個時候呼吸會加劇。

5. 第五週：悲傷 = 創傷已成，無力挽回

動物實驗越來越難做。

老鼠、兔子之類的動物，基本就沒有悲傷情緒的表現，包括情緒和動作方面，在人類看來都可以叫做無動於衷。

紀錄片裏，也只有具有一定社會結構的大型哺乳動物才能表現出少量特徵。比如大象會圍繞着自己同伴的屍體逡巡，並上下晃動自己的頭顱和長鼻子；獅子和老虎會在戰敗之後，垂着尾巴低頭喪氣地離開戰場，落寞的樣子與之前的奮勇拼殺差距巨大。除此之外，幾乎沒有有效的數據。至於像牛被殺之前流眼淚之類的表現，因為並不是每頭牛都會流淚，所以沒有穩定的規律，不能算是悲傷的特定表現。

華生認為，動物們是因為大腦不夠發達，所以無法做出價值判斷，既不懂得其他同伴的意義所在，也不能清楚地想到自己戰敗或被殺的後果，所以不能產生悲傷的情緒。牠們疼就是疼，傷就是傷，孤苦飢餓則是很多野生動物的常態。就連很多新生命的夭折，也不能引起特別的波動。

不過，所有動物在受到嚴重傷害之後都具備同一特徵——無力抗爭。

也許，人的慾望過於複雜，遠遠超越動物的溫飽需求，所以人易沮喪；

也許，人的生存能力過於單薄，遠遠不如動物，所以人易無望悲切；

也許，人的認知判斷能力是遠遠高於動物的，所以人有很多難

過的原因。

6. 第六週：愉悅 = 期望被滿足後的興奮

一開始，華生用狗這種有靈性的動物做實驗。

家養的狗在開心的時候，會把尾巴向上捲起來快速搖擺，又或者翻躺在地上用肚皮朝着主人；安靜的時候也有，比如趴在主人身邊，瞇着眼睛享受着主人的愛撫或按摩。

數據非常豐富，但是鑒於狗有很多行為是與主人之間的良好互動習慣，所以華生擔心這些表現中雖無表演成分，卻不僅僅是純"天然"的情緒反應。

因此，華生再次研究了大量大型貓科動物的紀錄片。

果然，在純粹的動物世界中，無論是獨居的虎還是群居的獅，都很難找到牠們活潑開心的表現。牠們在戰勝對手之後，或者捕捉到獵物之後，就只是吃，吃飽了然後歇着。在平靜和飽腹的情況下，牠們所流露出來的積極情緒，就是瞇着眼睛趴在那裏，看着像是慵懶的休息，但胸腹腔有規律的快速呼吸動作以及在有情況時迅速站起移動的敏捷性，又不是睡前的遲鈍樣兒。

發生在同類之間的爭強好勝，在分出勝敗的那一瞬間，也絕見不到興奮得上躥下跳或者吼叫咆哮，贏的一方也是沒事人一樣走回舒適的地方休息或進食，霸氣得就像本該如此一樣。

華生想，這也許與牠們的刺激源過於原始有關，收益無非是食物和交配權，所以獲得收益的表現就是享用收益。此刻的收益並不意味着未來的穩定收益，這跟人類社會裏存錢保底，還能按規則升值不一樣。因此，也就沒必要保持長時間的興奮，吃掉食物和當即交配就是最實在的策略。

但是，在更接近人類的猩猩和猿身上，卻有多樣性的愉悦表現。論起與人之間的互動，牠們並不像狗那樣有着良好的信任和基礎的安全性，但牠們卻在高興的時候更加興奮。有的會伴隨着音樂搖頭晃腦，轉圈跳舞；有的會興奮地連續叫喊，同時不停地拍打自己的手掌或樹幹；有的會抱着主人擺弄主人的手指，一會兒嗅嗅，一會兒摩挲；如果身邊有鞦韆或者輪胎之類的東西，牠們還會做出大幅度的表演，同時張大嘴巴發出愉悦的聲音；又或者在水池中調皮地拍打水花，越是看到水花四濺越是興奮。但是，無論如何，歸總起來也就是叫、鬧或瞇着眼睛安靜地享受這兩大類。從這個角度看，更像是寵物狗的表現。

而表情方面，除了大量出現的瞇着眼睛安靜的享受之外，沒有任何真正富有穩定意義的其他表情形態收穫。這讓華生不得不再次聯想到一個問題——是不是食物和交配權的刺激力度雖大，但卻總是歸屬於基礎需求，得到滿足是應該的，沒甚麼值得"愉悦"，所以動物們也就沒有進化出面部的愉悦情緒表達。

如果動物們懂得超越這一層基礎慾望滿足，而去推導其代表的衍生意義，是不是就會在面部肌肉中更容易進化出愉悦的表達運動能力呢？

華生又比對了之前的驚訝、厭惡、憤怒、恐懼和悲傷等動物情緒表現特徵，發現動物們能夠出現在面部的表情形態，主要就是眼睛的變化，包括睜大閉小，也包括視線的變化，而人類所擁有的眉毛、嘴、臉頰等區域運動，絕大多數動物的情緒表達是用不到的。

整整六週，驚訝、厭惡、憤怒、恐懼、悲傷、愉悅六種基本情緒，耗盡了華生的所有業餘時間。但是，華生是滿足的，因為他摸到了動物們情緒機制的本質規律。

第一個需要動物們判斷的問題是：刺激源來臨，是有利？還是有危險？

愉悅：如果有利，那就意味着能滿足自己的需求，生活是安逸而舒適的。

驚訝：如果可能不利，先進入驚訝的警覺狀態，快速收集信息，快速判斷。

如果確定不利，則需要動物們判斷第二個問題：對方厲害嗎？

厭惡：像腐爛的食物或者臭氣，又或者遠不如自己的動物來騷擾，是不值得緊張關注的，因為牠們沒有自己厲害，造不成傷害，遠離就是了。

憤怒：如果是競爭對手或者不好搞定的獵物，那就必須得全神貫注了。然後，努力地戰勝對手，才能保護好自己的利益，否則，就會喪失這些本屬於自己的利益。

恐懼：如果對手過於強大，那種壓迫感是無法逃脫的，既然沒有辦法戰勝對手，那麼逃跑是第一對策，為了逃跑，需要眼睛的靈活，需要呼吸的加劇，需要肌肉系統的興奮，以及消化系統的功能減弱。

悲傷：受到傷害，或者嚴重無望之後，萬念俱灰，沒有意志和力氣再做甚麼了。

華生拿起筆，在筆記本上寫下了一句話："人，也是這樣。"

最後一個字寫完的時候，戴猛的電話打了進來，他要見面收作業。

華生有點忐忑，也不知道這樣的筆記是否能讓老闆滿意。

戴猛翻閱完華生的動物實驗日誌，沒作評論，只是嘴角泛起了微笑的紋路。華生放心了。

戴猛隨後加了一句話："再給你半個月，觀察生活裏的人，還是情緒表現，每天寫一篇日誌。"

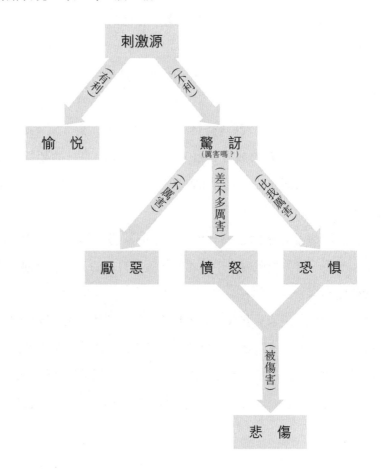

第 6 章

初學 “閱人”

1. 為甚麼女人總愛一驚一乍

驚訝筆記第一例

公司飯堂。

因為是週末加班，所以只有幾個人排隊。

排在我前面的是一個年輕女孩，從櫥窗的玻璃上可以看到她的面孔。

就在那個女生點了兩個炒菜和米飯之後，打飯的師傅非常慷慨地端了兩份菜和兩碗米飯遞出來。女生明顯有點吃驚，不知所以然。因為她的眼睛在很短的時間裏睜大了一瞬間，同時張開嘴快速吸了一小口氣。

她眨了眨眼睛，急忙對師傅擺擺手，說：“師傅，我只要了一份飯呀。”接下來的事情讓我完全沒想到。

打飯師傅呵呵一笑，沒有說話，只是眨了眨眼睛，一臉的猥瑣笑容。小女孩可能也被師傅的笑容嚇到了，連忙把那碗多餘的米飯端出來放下，低着頭走開了。她不明白為甚麼會有兩碗米飯，畢竟這關係到一個女生在公司中關於飯量的聲譽問題。因為這件匪夷所思的事情，她瞬間腦子短路了，所以會眨眼增加。而賣飯師傅的眨眼，則是社交表情，俗稱曖昧的挑逗。

輪到我買飯的時候，很明顯師傅只是按照要求給了一碗。看看打飯師傅那張面無表情的臉和低垂的眼皮，知道多說無益，也就作罷。

後來，我特意找到剛才那個女生，發現她正在和另外幾個女孩子一起聊天。

　　她們顯然在聊一件有趣的事情，因為幾個人都是眉飛色舞的，看起來很興奮。

　　女生甲："聽説了嗎？星星教授要來了！"她的眉毛揚得很高，眼睛睜得很大，嘴角掛着笑容，但是沒有身體動作的停止和呼吸的暫停。

　　　　標註：不一定眉毛揚高＋眼睛睜大就是驚訝，因為人在高度興奮的時候，也會出現這樣的表情，比如講到奇特經歷的時候。分辨是興奮還是驚訝，就要看同步身體是否出現凍結反應，包括呼吸、動作和下半臉的表情。

　　女生乙："別聽風就是雨！都是小道消息。遠在天邊的男神，哪會説來就來啊？你以為電視台是法院呢？"她的上嘴唇一直微微揚着，説完還從鼻孔中輕輕噴了口氣，和語言的不屑配合得淋漓盡致。當然，這種表現在朋友圈裏不會被認為是真的輕蔑。

　　　　標註：上嘴唇提升是典型的輕蔑形態，這個動作加入任何表情中，都會讓表情呈現出負面氣息。

　　女生丙："前幾天就有傳聞了，要是真能來就好啦！我愛星星教授，他也是我的男神。"

　　女生甲："真的！星星教授的經紀公司明確回應了，現在正在排具體日程呢！”

這一下子，其他幾個女孩子幾乎同時微微揚起了眉毛，睜大了眼睛，把目光統一投向了說話的女孩，更有意思的是，她們幾乎同時吸了一口氣屏在那裏。隨後，飯堂裏爆發出了激動的尖叫和歡呼，儘管音量已經被她們壓到了最低，但還是引起周圍人的側目。

　　　　標註：真正的驚訝出現！揚眉毛＋睜大眼睛＋視線凍結＋呼吸凍結。

“那就是說，我們可以在‘最強心理’的錄製現場，見到星星教授啦？”

“還有‘道可特費’，兩大男神我都愛！”

“你表姐不就在電視台嗎？讓她帶我們進去唄。我不求簽名合影，只要在遠處看看我男神的背影就好了。”

“別花癡了！我問過表姐了，她自己都進不去，不是節目組的編導，誰也進不了現場。錄影票不送、不賣，就是節目組的編導，也沒法帶人進去。”

“不管……我要見男神……”

聲音嗲得有點讓人受不了了。我趕緊撤離。

驚訝筆記第二例

高鐵列車。

我身邊是個大學生模樣的女孩，身上還洋溢着青春的氣息。

我對她笑了一下，她也微笑了一下。我知道這是善意的禮貌表達，不像有些中年猥瑣大叔所想像的那樣──女孩子對你笑就代表對你有意思，女孩子答應和你吃飯，就代表可以和你上牀。

女孩剛剛把座椅向後仰倒，就聽到後面一個粗糙的中年女性尖銳地喊道："小姐，麻煩你，不要把椅背靠倒！"

聲音很刺耳，也很沒禮貌。

我嚇了一跳，看小女孩時，她儘管面孔朝着前面，仍然瞬間睜大了眼睛，眉毛也微微抬起，最主要的是輕輕吸了一口氣頓在那裏，臉上微微發紅，似乎是自己做錯了事情一樣趕忙把椅背收回來。

這是一個奇怪而有趣的現象。

聲音來自後面，小女孩吃驚的時候，卻沒有轉頭過去。

儘管沒有轉頭看是誰，但她在驚訝的時候，仍然會瞬間睜大眼睛，同時出現揚眉和呼吸阻斷。

遠古時代的驚訝是為了動用視覺、聽覺、觸覺、嗅覺等器官收集信息，因此養成了睜大眼睛、轉動耳朵、豎起毛髮和提鼻子反覆嗅聞的動作習慣。現代社會，簡單的一個聲音的刺激源也可以引起驚訝，除了用耳朵關注外，眼睛和呼吸也會同時做出關聯運動。其實不需要動用眼睛來看刺激源，也不需要儲備氧氣做出甚麼劇烈動作，但進化出來的習慣力量，自然而然地就這樣協調了所有器官一同運動。

我坐了很多次高鐵，這種要求別人不能放低靠背的奇葩，還是第一次見到。

不過，當我回頭看到那位大姐的樣子時，就一下明白了。

一個四十多歲的黃髮大姐的小桌板上擺滿了飲料和零食，其中不乏雞爪、鴨脖之類的東西。這還不算，大姐還在前排座椅靠背的掛鈎上，掛滿了沉甸甸的大包小包。本來寬敞的空間一下子就讓人感覺擁擠得有點壓抑。這個時候，小女孩的靠背如果再低一點，勢必會造成狼狽的場面。

另外，我一不小心瞥到，大姐身邊的金絲邊眼鏡男子，一直斜着身子遠遠靠向另外一邊，臉上看似平靜，卻微微皺着鼻子。

軀幹遠離和鼻子皺起（實際上是上嘴唇提升），是厭惡的主要表現。

2. 引發 99% 的人厭惡的行為

完全厭惡表現

路上有個人咳嗽得厲害，一輪接一輪，一輪比一輪劇烈。在一陣咳嗽之後，那個人從口中吐出一口黏痰，"噗"的一聲就黏在道路的正中央。

實在是太噁心了！

後面有兩個妝扮精緻、一色齊膝裙裝、黑色絲襪、細高跟皮鞋的女孩，遠遠在其身後幾步的地方就開始繞圈子。隨着黏痰的吐出，兩人繞圈的半徑也越來越大，並以手掩鼻、眉毛皺起、眼瞼閉合，從快步走提升為小步跑着離開，似乎看得見身後瀰漫而來的細菌似的。那個吐痰的人剛咳了一聲準備吐下一口，看到了美女的反應後，居然就給嚥回去了。

我立刻拿出手機，拍下了美女臉上的表情：深皺眉＋眼瞼閉合＋

上嘴唇提升。

中度厭惡表現

早高峰的地鐵像沙甸魚罐頭，唯獨有一個地方密度偏小。

那裏有一個頭髮亂蓬蓬的年輕人，可能是因為奔跑着趕地鐵，額頭鬢角還淌着汗滴，領口裏還向外散發着幾天不洗澡所特有的味道。

打扮入時的小女孩們早就已經默默轉移到其他地方，寧可擠一點。能夠在周圍堅持的，也都是不修邊幅的男士了。每個人的表情中，都共有一個特徵，那就是皺着鼻子。

地鐵上的每個人都是文明人，每個人都沒有目光的注視，要麼假裝鎮定自若，要麼佯作閉目養神，但鼻唇溝卻暴露了內心的反感。

那個年輕人沒看到周圍人的反應，從挎包裏拿出一個塑料袋，裏面裝滿了熱氣騰騰的包子。當第一口咬下去的時候，周圍的人就整齊劃一地把視線轉移到了他身上。濃郁的味道讓人們的鼻唇溝加深了，皺起了雙眉的同時，眼睛也開始瞇起，或斜或正地看那個年輕人，同時腳底下開始向外挪動腳步。

那年輕人似乎注意到了自己的不妥，就把手裏的包子一下子塞到嘴裏，其他的包好又放回了挎包中，然後一邊咀嚼着一邊訕訕地向四周掃視了一圈。

誰也不願意被別人嫌棄。

標註：查閱解剖學教材，看看鼻子是否能夠通過肌肉收縮而皺起。查閱結果顯示，鼻子兩側的肌肉中，並沒有單獨控制皺起鼻子的肌肉。有一條肌肉起自眉間，終止於鼻翼兩側的中部，被稱為鼻錐肌。它們倒是可以起到一點作用，但一定會連帶眉毛被下拉，對鼻子的作用也只能使鼻孔向上翻起少許，微微擴張。而能夠讓鼻子皺起的肌肉，主要是兩條和上嘴唇相連的肌肉，一條叫做上唇鼻翼提肌，一條叫做提上唇肌。當它們收縮的時候，可以皺起鼻子，同時也會拉動上嘴唇上提。最明顯的標誌是，在鼻翼和嘴角間會擠出一道弧線，學名叫做鼻唇溝。這道溝一出現，厭惡表情就產生了。厭惡的同時，本能的身體反應還有遠離和排斥。

輕微厭惡表現

飛機起落架的輪胎剛剛着地。

鄰座的一位光頭大哥立刻掏出手機按住了電源鍵開機。還有幾個強壯的大媽急着站起來取行李。空中乘務員連忙起身，用無奈的勸慰語氣對着幾位阿姨喊：「飛機還沒有停穩，麻煩您先坐一下，以免被行李砸傷。」連着喊了幾遍，周圍的乘客都側目了，幾位大媽才不甘地坐下，嘴裏還嘟嘟囔囔的：「我有腰肌勞損、腰椎間盤突出、骨質增生，坐久了犯病他們管嗎？」她們的話音還沒落，旁邊就已經有大叔們開始大聲地打電話了：「對，我到了，剛落地。晚上約了劉總，一起坐一坐，順便把你的報價方案帶上啊！」

空姐的臉上，除了皺了皺鼻子之外，沒有表情，只是視線朝着另一個方向，裝作沒看見。

標註：不便表達明顯厭惡表情的時候，眉毛和眼瞼都不會動，只會動動上嘴唇。另外，視線的轉移和身體的遠離與排斥本質相同。

思考：甚麼樣的行為或者刺激源會引起厭惡？

從重口味到沒素質，只有自己看不上的事情，才會引起厭惡。

心懷厭惡的人，都有自上而下的心態。

3. 獸性大發的時刻

醫院排隊的人可真多，掛號、收費、取藥、分診，還有各種做檢查的地方，都排着長隊，讓人看着就心煩。擠在醫院裏的人不是病痛在身，就是陪護病人的家屬，本來心情就不好，都盼着別人對自己好一點。窗口的工作人員卻是見慣了，聲音從擴音器裏傳出來也沒有半點情感。

我排的隊伍很久沒有移動了。

排在隊首的是一位白髮老伯，看模樣大概 70 多歲了，拿着一疊錢正在跟收費人員交涉，聽不清他們在說甚麼。排在他後面的是兩個學生模樣的年輕人，女孩子嬌嬌弱弱地倚在男生懷裏，時不時地還全身抽搐一下，男生則摟緊她，不停地低語安慰。

也許是大爺耽擱的時間太長了，男孩拍了拍他的肩膀，提高音量說："老伯，人家跟您說得很清楚了，這些檢查項目是醫生開的，跟收費窗口沒有關係，您要商量得回去找醫生，在這裏說也沒有用。

您看看後面，好多人等着呢！"

　　沒想到大爺立刻勃然大怒，反擊道："着甚麼急啊！我排了半天隊才等到，現在告訴我這些項目要花 3000 多塊錢，哪能那麼貴呢？我跟他一項一項說清楚，怎麼就不行啊！"那充沛的中氣和不耐煩的表情，完全和他滿頭的白髮不搭調。

　　後頭也好多人勸，七嘴八舌地告訴他，這種事情要找醫生說，在收費窗口說是沒用的。

　　男生感到懷裏的女生又是一陣顫抖，一下子失去了耐心，大聲吼道："你已經說了半天了，人家明確告訴你找醫生解決，怎麼就聽不懂呢？！這麼多病人，耽誤了治療，有個好歹你負責嗎？"

　　大爺此時反而擺出一副不着急的樣子，臉上掛着輕蔑的笑容，淡淡地說："怎麼地？心疼小女孩了？告訴你，我就管好我自己，我的事還沒解決完，你就得等着，誰讓你排在我後面了呢？我找甚麼醫生？他們都是一家醫院的，有問題就必須都給我解決。要是在幾十年前，根本就不會有這種推諉的事兒！老子像你這麼大的時候，也沒像你這麼沒出息，抱着小女孩不撒手，伺候親媽吶？！"

　　女孩聽着這爭吵，爆發出一陣咳嗽，身體抖動得非常劇烈。男生一下急眼了，抓住大爺的領子就要動手，眼睛噴了火似的盯着大爺，咬牙切齒地就要發作。旁邊的人趕忙撕擄開，攔着兩個急了眼的人，幾個人把大爺連推帶拉地從隊伍裏帶走了。

　　倆人隔得遠遠的，還互相恨恨地盯着。

　　那就是憤怒的目光。

　　當我回到診室門口時，再次遇到了剛才那個暴躁的大爺，他正在焦慮地來回踱步。

突然，大爺彷彿下了甚麼決心，一跺腳往前推開了診室的門，徑直闖了進去。裏面立刻爆發出一陣爭吵，大爺被甚麼人連推帶搡地給趕了出來。仔細一看，竟然是剛才那個和他吵架的男生！

男孩的脖子和臉都急紅了，一手抓住大爺的領口，一邊大聲斥責："你幹甚麼，我女朋友正在檢查呢，你怎麼就闖進來了？懂不懂規矩啊！這麼大歲數，還要不要臉了！"他的面部表情接近猙獰——劍眉倒豎、虎目圓睜、咬牙切齒，抓住領口的手似乎灌注了所有的力量，要捏碎面前這個可惡的人，就連呼吸和聲音，似乎都能把人磨碎了。

大爺也進入了歇斯底里的狀態，大聲地喊着："打人啦！殺人啦！小年輕殺人啦！"一邊喊，一邊和年輕人推搡，同時嘴裏還罵罵咧咧地說個不停。

診室裏的醫生出來了，用嚴肅的聲音訓斥道："這裏是醫院，都不要吵了！要吵出去吵！"他的臉上，是非常討厭的表情。

讓人沒想到的事情發生了，那個白髮大爺不知從哪裏鼓起了一股勁兒，突然拿起手中的包向醫生掄去！

包重重地砸在醫生的脖子上，醫生當時就緩緩地倒在了地上，不能動了。所有的人都驚呆了，男孩和護士連忙跑過去蹲下呼喚醫生，女生也從診室裏出來，看到眼前的情景大驚失色，縮在角落裏用手緊緊地捂住自己的嘴。

老頭子還沒有停手，繼續發狂般的朝着男生和護士進攻，有幾下包重重地砸到男生的手臂和護士的肩膀、後背上。周圍的人都圍上來試圖拉住這個瘋狂的老人，他居然把包掄圓了向四周亂打一通，嘴裏發出野獸般的吼叫，根本聽不清是不是在說話。周圍的人四處躲閃着那個危險的包，裏面似乎裝了甚麼重而堅硬的東西，呼呼生風。見人群散開，打紅了眼的老人竟然向縮在角落裏的女孩衝去，一邊衝一邊喊："打死你個小淫婦！讓你妨礙我看病！讓你妨礙我看病！"嚇得女孩尖叫了起來。

那個男生怒吼一聲，像獅子一樣整個人橫着衝上去把老人撲倒，手臂和腿緊緊地纏住，兩個人倒在地上滾了幾下，老人就掙扎不開了。他一邊大口地喘着氣，一邊咬着牙瞪着眼，嘴裏還在唸唸有詞。男生似乎要把身體裏所有的力氣全用出來，雙眉緊皺、虎目圓睜、咬着牙從喉嚨中發出低沉的嘶吼，眼看勒得老人臉已經有點發白了，四肢也垂下來變軟了。

大家趕忙把男孩兒拉開，保安把兩邊的人帶離現場，幾個醫生和護士手忙腳亂地把受傷的醫生和護士攙扶着去檢查。沒多久，警察也來了，找當時在場的人進行詢問。

標註：人真的憤怒起來，和動物一模一樣，大概這就是所謂獸性大發的時刻。劍眉倒豎、虎目圓睜、咬牙切齒、呼吸急促、嘶吼、身體趨前、發力攻擊，一切的一切，都要打敗對方。動物是為了捕獵或爭搶資源。人除了爭搶資源外，爭搶面子和尊重的時候，也會這樣。能讓人憤怒的刺激源，應該是對這些資源、面子、尊重的威脅。為了保證自己不吃虧，也為了消除隱患，人們就會選擇拼鬥的方法來解決這個危險。

輕微的憤怒表現

　　早晨路過一家小學門口,看到送孩子的車輛排起了長隊,很多車在按喇叭,似乎有甚麼狀況。

　　我停下來仔細觀察,發現有一個中年婦女站在路邊指揮,她不停地指揮着幾輛車 "往裏,往裏",儘管裏面已經堵得沒有地方可繼續挪動了,她仍然在示意後面的車輛往裏。

　　已經被迫停在前面不能動的幾位車主不由得從駕駛室裏出來,看看到底甚麼情況。良久,才發現有一輛家用轎車從旁邊的路口中慢慢挪出來,那個女人一轉身鑽進車門,車輛揚長而去。

　　原來,這個女人是為了給自家的車騰出道路來,就把其他等着送孩子的車指揮進了死胡同。

　　遇上這種損人利己的人,幾個送孩子的家長都怒目而視,鎖着眉頭盯着遠去的那輛車,然後重重地關上車門,自行尋找停車的位置。

　　　標註:在不便發生衝突的時候,皺眉和盯視是相對而言最為平和的憤怒表現。因為不能把力氣用在攻擊人身上,所以大多會做些發力的動作,比如關車門。

4. 生活中無處不在的恐懼

恐懼 1 —— 生理恐懼

　　今天早晨照例晨跑。

　　天剛蒙蒙亮，我的狀態不錯，腳步輕盈。前面有個女孩也在跑步，馬尾辮一甩一甩的，窈窕的身材非常賞心悅目。

　　經過一條林蔭小路的時候，斜刺裏突然衝出一條大狗，低吼着嗓子吠了兩聲，作勢向女孩子衝過去。牠的爪子在柏油路上"噠噠"的聲音在安靜的清晨聽起來異常恐怖。

　　這一下可把女孩嚇得不輕，想也沒想就停住向前衝的腳步，向後倒退的同時，把兩手擋在身前，嘴裏本能地像求饒一樣唸叨："不、不、不……"

　　我自己當時也嚇得不輕，清晰地感覺到脖子和肩胛骨周圍立刻出了一片冷汗，同時還非常明顯地感受到了睾丸在收縮。

　　女孩兒縮着身體不斷後退，狗就加快了腳步向前，女孩的聲音已經變得失控，腳步也慌亂起來。這種時候，我只能衝上去。於是，我硬着頭皮大吼一聲，跑到女孩身邊，用手擋在女孩身前。

　　也許是因為人數佔了上風，或者是那一吼起到了作用，狗不再前衝，只咧着嘴在原地低吼着。後面趕過來的狗主人也大聲呵斥着自己的狗。轉身看女孩子的時候，發現她驚恐地睜大了眼睛，身體瑟瑟發抖。

　　　　標註：人在害怕的時候，會進入交感神經興奮的狀態，這是進化出來的求生本能。交感神經興奮，會令心跳加快、血液循環加速、呼吸加劇、瞳孔放大、排汗增加、消化系統功能減弱甚至停止。因為只有這些功能配套出現，人才能快速採取或戰或逃的策略，以保證自己的安全。表情方面，恐懼的時候一定會在第一時間睜大雙眼，以保證獲取最全的視覺信息，同時又沒有信心進行皺眉的對抗性關注，只想慌張地逃離，所以眉毛呈現扭曲狀態，又皺又揚，造成了眉頭的上簇。

恐懼 2 —— 心神不定，坐立不安

晚上跟隔壁的孫佳佳一起吃飯。他一直在玩手機。

我正打趣說誰先動手機誰買單的時候，發現他臉色突然劇變，只一瞬間就簇起眉頭、睜大眼睛，整個人僵在那裏，呼吸也變快了，可以看到他的胸口一直在起伏。

然後，只見他慌忙開始撥打電話，另一隻手捏緊拳頭，臉上的皮膚都發白了。反覆撥打了幾次之後，始終沒有人接。

我問他怎麼了，他匆匆說："新聞裏說家鄉的巴士爆炸燃燒了，有人員傷亡。我爸、我媽的電話都沒人接。"說完，繼續焦急地反覆撥打電話，神色凝重但眼神慌亂。

我連忙打開新聞，滿屏都是巴士爆炸的消息，據說現場非常慘烈。

新聞不斷地更新，讓本來就緊張的氣氛更加令人窒息。滾動播報的傷亡人數也在不斷增加。微博、微信裏流傳的，到處都是網友在第一現場發回的照片和文字描述，消防、警察和醫療救護機構也在第一時間發佈自己的官方信息。

孫佳佳的身體開始微微發抖，一個勁兒地等待着電話接通。

還好，終於有人接起了電話，他這才大大地鬆了一口氣、但聲音卻顫抖着問道："媽，您怎麼不接電話呢？嚇死我了，家裏沒事吧？

我聽說有巴士爆炸了，就在咱家那條線上。您和我爸都沒事吧？"

　　電話那頭，小孫的媽媽應該在講詳細的狀況。可以看得出，小孫的面色逐漸恢復了正常，表情和呼吸也慢慢趨於平靜。一邊聽着電話，身體一邊鬆弛下來。

　　標註：儘管不是直接的生理傷害威脅，但因為涉及巨大的利益風險，人仍然會陷入恐懼情緒，只是表現得沒有面對猛獸那樣誇張，但所有表現出來的特徵卻是一樣的。眉頭魘起，眼睛睜大，視線慌亂，呼吸加劇，身體緊張出汗，這些都是恐懼情緒造成的反應。"恐懼"只是個學術詞彙，在生活中大到害怕，小到發愁，都是恐懼情緒不同程度的狀態和表現。學生擔心考試成績不好，員工擔心上班遲到捱罵，甚至網上搶火車票的緊張，都是恐懼類情緒的一種。

5. 悲傷情緒日記

　　姑姑家養的雪納瑞犬今天產崽。

　　這隻精靈似的雪納瑞是姑姑和表妹的寶貝，被姑姑視為親生女兒一般，從小就一直被寵着，和人同吃同住，同一個待遇；一天三遍，和別的狗打架的時候，表妹還會衝上去幫忙，弄得姑姑好幾次跟鄰居道歉，帶人家狗看寵物醫生，回家後就誇表妹幹得好！表妹就抱着小傢伙誇她勇敢。

　　到了"產崽的年紀，"女婿"也是千挑萬選從日本帶回來的純種雪納瑞。確定懷孕那天，姑姑四處通知親朋好友，還特意給我打了個電話，光從聲音就能聽出她有多高興！

前三個小傢伙出來得都很順利，狗女兒也一下子從女孩兒變成了母親，用非常慈祥的目光看着這幾隻濕漉漉的小寶貝，用舌頭舔牠們，一遍又一遍地愛不夠。

突然之間，牠的身體一陣抽搐，然後變得僵硬，似乎把全身的力氣都用在忍住痛苦上，嗓子裏也有嗚嗚的悲鳴聲，隨着抖動越來越大，牠產出了最後一隻小傢伙，又立刻幫牠清理黏液，一口一口地舔着牠，然後又用爪子和嘴把牠們攏在自己的肚子下邊，虛弱地拱着這些新生命去找尋自己的奶頭。等到四隻小傢伙都開始吸吮之後，狗母親才垂下頭，躺在那裏休息，胸腔和肚子的起伏又快又劇烈，牠看起來很疲勞，眼睛也不大能睜開，但還時不時回頭看看自己的寶貝們，眼神中滿是愛戀。

沒有人注意到，狗母親的呼吸起伏慢慢變小了，眼睛也慢慢閉上了。

不幸的事情終於發生了。姑姑探查了 "閨女" 的鼻子，果然一絲呼吸都沒有了。姑姑和表妹一下子就跌坐在地上，低聲呼喚着牠的名字。那幾隻剛剛出生的小狗還閉着眼睛，愜意地吸吮着媽媽的乳頭，享受着來到這世界上的第一餐，也是媽媽能帶給牠們的最後一餐。因為怕嚇到牠們，姑姑和表妹只好強忍着抽噎，輕輕地撫摸着 "閨女" 的毛，感受着這個熟悉的小生命漸漸變涼。

標註：真正的傷心，是深重的無力感。當剛剛接收到讓人難過的消息時，或多或少都會有些不心甘。所以，有些人會表現得歇斯底里，來表達自己的不甘，似乎要把憤怒的力量用在甚麼地方，以便改變這個結果。但是，當真正接受這個結果的時候，統一的悲傷特徵是無力感，是沒有精神對付任何事情。因為，當前最重要的關注點，就是那個已經失去的東西，而它已經無法改變了。

6. 真笑和假笑，一眼看出來

早上在公園裏路過一片矮樹林的時候，一群老大爺在遛鳥。

與其說是遛，更恰當的說法應該是"暗鬥"。樹枝上掛着超過 50 個鳥籠子，一片真正的鶯聲燕語。大爺們則一邊壓腿抻筋，一邊聊着時政和菜價。誰的鳥養得漂亮、叫聲響亮，其他人就湊過去讚美兩句，鳥的主人的臉上也就綻放出滿是皺紋的笑容。

很容易注意到這些大爺們笑容的共同特徵。儘管長相各異，但相同點並不複雜，只有兩個：瞇起眼睛和咧開嘴巴。所有笑容都會同時存在眼瞼閉合和嘴角上翹咧開的特點。不過，因人而異的是，有的人眼睛閉的幅度大，有的人則變化不大；同樣，有的人嘴咧得開，有的人則是抿着嘴笑。不過無論是哪種笑容，眼瞼閉合的動作和嘴角向耳朵的方向上翹的動作，則是都有的。

湊近仔細地聽過他們的寒暄之後，我的心裏當時產生了幾個疑問：

這些大爺們的誇獎大多是客套話，客套話也會讓人高興嗎？

誇人者和被誇者都會笑，而且笑的時間、幅度都差不多。被誇的可以理解，但誇人的沒甚麼收益，為甚麼也有差不多的笑容？

如果不是真心的笑，那又為甚麼假笑呢？沒道理啊！

這時遠處走來一個奇怪的大爺。之所以說他奇怪，是因為他身穿一襲長袍馬褂，頭戴着一頂瓜皮帽，腦後還留着一根花白的小辮子。更加引人注目的是，他沒有拎鳥籠子，而是在胳膊上架着一隻貓頭鷹大小的鳥。這隻鳥一靠近樹林，所有籠子裏的鳥瞬間就寂聲了。

聲音和動作的收斂，是恐懼的表現之一。

兩個正在聊天的大爺立馬一臉的厭惡，是那種很深的厭惡，臉上皺眉、瞇眼和上嘴唇提升的經典形態毫不掩飾內心的反感。其中一個說："又來了。這不是有病嗎？弄隻鷹天天來湊熱鬧！"另外一個說："聽說是沒兒沒女，老年間的滿族人，就好玩這種東西。"

所有大爺都趕忙給自己的鳥籠子罩上布罩，並呵護地用手攏住籠子，似乎是怕那隻鷹突然襲擊似的。再看馬褂大爺，瞇着眼睛抿着嘴，搖頭晃腦的得意顯露無遺。他故意慢慢踱步穿越樹林，也不理會其他大爺鄙夷的目光。我注意到，他的這個笑容眼睛瞇得那麼小，但嘴卻是抿起來的，兩片嘴唇在一起，一看就很得意。

馬褂大爺實在走得太慢了，有的大爺擰眉瞪眼的就要吵架推人，只是那隻鷹瞪着眼睛左轉右轉，一雙鐵鈎子般的爪子怪瘮人的，還時不時地揮動一下翅膀，讓人不敢靠近。有個矮個兒的大爺快步走上來，忌憚了一下那隻鷹，看馬褂大爺沒有敵意後，就用手扶着他的手臂，看起來是攙着，其實是在往外連推帶引，嘴裏還不停："我說老金，您這又熬了一隻新的麼？這傢伙看起來可比上一隻精神多了！花了幾個晚上？我看您這氣色，不像是剛熬完鷹的樣子啊！今年高壽了？這精氣神，熬得了鷹，撒得了犬，不愧是皇家貴族遺後！這傢伙現在能用了嗎？有地兒放了攆兔子嗎？有機會您得叫上我，讓我開開眼界。得咧，慢走您呐！"就這麼一邊說着，一邊就順利地把人帶出了小樹林。

　　老金大爺的臉色越來越好看，根本沒在意自己是不是被人連蒙帶哄趕走的，剛才還抿着的嘴咧開了花，眼睛瞇得更小了，哈哈地笑出了聲，一步三搖地離開了小樹林。大爺們這才滿嘴埋怨地查看自己的寶貝鳥兒是不是受到了驚嚇，一時間花香鳥語的氛圍一下子跑個精光。

　　剛才那一番"吹捧"的效果，真是有意思。很明顯，聰明的矮個兒大爺說出了馬褂大爺最想聽的話，馬褂大爺的笑一看就是很開心很開心的那種。可是，這種開心的哈哈大笑，和剛才鷹肅百鳥時的得意抿嘴笑，有甚麼區別呢？

　　　標註：真正開心的笑容，包括兩個動作：瞇眼睛和咧開嘴。眼睛瞇起的動作越大，嘴就應該咧得越大。注意，眼睛瞇起的動作大的結果是，眼睛瞇成一條縫，越來越小。瞇眼和咧嘴的動作有先後，則是假笑。瞇眼和咧嘴的動作幅度不同，也是假笑。比如眼睛瞇得很小，但嘴卻抿着，這通常是非常得意的表現，但又不能肆無忌憚地哈哈大笑，抿嘴代表着自我抑制。再比如眼睛基本沒有瞇起，但嘴卻咧得很大，並發出洪亮的哈哈大笑聲，這通常是江湖上的客套，心裏沒有甚麼愉悅，只是為了把自己的“熱情”表達出來。最後，讓別人愉悅是有方法的，那就是有細節的認同。細節越多，認同度越高，別人就會越高興。

當戴猛看到華生積累的這些案例記錄和思考評註時，立刻就進入了深度閱讀的狀態，視線不停地在文字上掃描，微微皺着眉，嘴角慢慢抿起。

良久，他抬起頭，説道：“幹得不錯，小伙子！觀察得細緻，思考也到位。我問你一個問題。”

華生説：“甚麼問題？”

戴猛問道：“你覺得你收集的這些案例，人們的表現都是純粹的情緒化表現嗎？”

華生愣了一下。

這個問題很嚴重。因為，如果是純粹的情緒化表現，才具備分析的可能性，戴猛説過，社交表達不分析。但是，這些案例都發生在日常生活的交往中，無論如何也不能説是完全的情緒化表現，一定有社交表現在裏面。

可是，這樣一來，就會讓自己陷入兩難境地。社交表達混雜着情緒表達，二者的比例如何確定呢？一個生氣的表現，裏面到底有多少是真實的憤怒，有多少是故意嚇唬人的呢？又或者説，哪個細微的表現是真實的情緒，哪個又是表演？這個比例如果分不清，那麼所有的分析都是空中樓閣，就不能確定有效性了。

"可是，人也許只有在兩種情況下，才可能出現純粹的情緒表達吧？"華生不禁想到，"第一種是獨處的時候，比如被猛獸威脅而恐懼，或者為停電耽誤工作而惱怒。這種時刻，沒有必要做社交表達，因為不需要對其他人表達，所以就連說話，都是粗暴的髒字居多。第二種是極端的情況，尤其是歇斯底里失去理智的時候，可能會出現瘋狂的憤怒，甚至短暫地失去理智思考和記憶，比如兇殘殺人的時候，再比如跳下天台之前回頭那怨恨的一眼。"

當然，這些問題，華生剛剛被問到，是沒有辦法想清楚的。

所以，戴猛笑道："你在想社交表達和情緒表達的比例問題，對嗎？"

華生真的驚到了：難道這是分析出來的？他是怎麼做到的？

這個吃驚的表情讓戴猛哈哈大笑！他止不住笑着說："你震驚甚麼？剛才不是我在問你‘人們的表現都是純粹的情緒化表現嗎’？你的思路當然會沿着我的問題往下想啊！正常人在面臨反問句、選擇問句的時候，都會有慣性思維的。"

華生輕咳兩聲，有點尷尬。

戴猛繼續講："其實，這就是我要跟你說的重點問題——刺激源。你剛才的表現，就是被我的刺激源引發的。社交表現出現的依據是社交規則和趨利避害，情緒表現出現的依據是你故意設置的刺激源。不必考慮得特別量化和精細，如果社交規則的趨利避害和情緒刺激源相同，那麼兩種相同的表現相互疊加而加強；如果二者相反，那麼社交表達和情緒表達就會出現矛盾。就這麼簡單。所以……"

戴猛拉長了聲音，用眼睛觀察着華生的理解程度。直到他的眨

眼頻率降下來恢復了正常，才繼續説道："我帶你去規矩多的地方，
看看真實的刺激源和反應。"

修行在個人

第 7 章

"十二重天"的誘惑

1. 眼界：視野和經歷會決定一個男人的成就

一路無語，華生只是懷着忐忑的心情，惦記着要去規矩多的地方見識見識真正的刺激。

大約開了 30 分鐘，戴猛對華生說：“我們到了。”

華生一抬頭，就被眼前閃爍跳躍的霓虹燈吸引住了雙眼。

這是一座混雜着兩種極端風格的建築。整體的建築大多用了灰色的磚石外牆，是特別肅穆而沒有生氣的那種深灰色，沒有窗戶，沒有透光的地方，讓人一看就感覺陰暗而深沉。但精緻的粉色電子 logo 看似無序地散落在綿長的牆體上，一會兒這裏以魅惑的色彩亮起，一會兒那裏亮起，每一個 logo 約莫持續三四秒鐘便又消失在深灰色的牆體和夜色中。單是這個設計，就足以讓人浮想聯翩了【47】。

一個像是四合院宅門似的三扇門，牌匾上寫着“十二重天”四個古樸的書法字。

正裝的車童接過車鑰匙，禮貌地鞠躬，等候客人的背影朝向自己的時候才起身，規矩地將車代為停泊入位；迎賓的男女侍員都是合體的職業套裝，接待動作和他們的髮型妝容一樣精緻講究，並且每一個人的眼睛都非常大方地看着往來的客人，隨時對予以對視的面孔報以微笑。【48】

戴猛帶着華生走向中間門的入口通道，門口的安保人員伸手示

47　通常，灰色表示神秘沉悶，粉色表示嬌艷。環境的配色是一種常規手段，用來快速刺激和提升人對氛圍的感受。

48　這些都是經典的社交表達，是通過專項訓練，來達到取悦客戶的目的。

意二人改道旁門，並微微鞠躬表示歉意。華生這才注意到，中間的門幾乎沒有甚麼客人進出，同來的客人都是走的兩側旁門。戴猛不緊不慢地從口袋中拿出一張卡，食指和中指夾着晃了一下，眼睛都沒看那安保一眼[49]，那安保立刻將兩隻手放在雙腿外側，穩穩地鞠了一躬。這個鞠躬的動作在華生看來，沉穩而虔誠，不像是一般服務人員那種惶恐而卑微的點頭哈腰但又敷衍了事，似乎是多年主從才應該擁有的忠誠與默契。單就這禮節訓練來看，就能讓客人感覺到安心和掌控感，不似很多商家的接待禮節，看着就像是要親手解開客人的錢包一樣急不可耐。

　　禮節就是社交表達，無論表達的人自己內心是甚麼狀況，經過訓練之後，禮儀動作可以被刻意做出來，用來完成某個目的。所以，社交表達的最大特點，是其目的性，是為了讓被打交道的人感受到那個目的，比如表達尊重，或者表達高傲。微反應研究的情緒表達，則是行為人自己的生存處理程序，是行為人自己保護自己或滿足自己的表現驅動，它的最終意圖指向的是自己的利益，而不是傳達給他人甚麼意圖。

　　戴猛並沒有表現出平常的那種謙和，彷彿是回到自己領地中的頭領動物一般，帶着華生繼續往裏走。才一跨進門檻，戴猛便略微

---

49 "晃一下"和"不看"都表達了自上而下的強勢心理狀態，是刻意的輕蔑表達，突出主人身份。

停了一下腳步，並把目光轉向了右側的侍者列【50】。不待他開口，侍者列中的一個女孩便雙手搭在身前，迎着他的目光小步快速走近並領首站在下位，然後把耳朵湊到戴猛的嘴邊。華生能夠感覺到女孩移動的時候，身上散發出的香味伴隨着空氣的流動沁入鼻息，是那種清甜的香，不膩不褻。戴猛在女孩耳邊短短地説了些甚麼，女孩仰起臉，微笑着朝他點了點頭，然後伸出手掌做出請的手勢，引導着戴猛和華生向右邊走去【51】。

那一幕短暫的"俯首帖耳"，卻因為女孩略顯柔弱嬌媚的樣子和漂亮的面龐，讓華生在腦海中認知失調成了"耳鬢廝磨"，再加上看到女孩在前面帶路時搖曳的身姿，華生瞬間覺得有點飄飄然，血開始往頭上湧，並快速在身體裏熱起來。

這是因為，華生年齡還小、閱歷尚淺，還沒有將這些表現清晰地歸類為社交表達，所以會把禮儀化的服務套路誤解為真實的耳鬢廝磨，自己也產生了相應的情緒衝動。

戴猛非常清楚這些都是訓練出來的規矩，很多來這裏消費的客人也都知道。但是，誰會去計較這些動作是不是刻意的呢？能到這個地方來消費的群體，也不會有人傻到相信這些陌生人是真心順從服帖。大家心照不宣，這些彼此的默契反而強化了雙方的地位差異

50　在夜店這樣的地方，侍者處於高度敏感的服務狀態，會捕捉客人的任何一個細節，所以，戴猛的一個眼神就像是召喚的命令一樣，讓服務人員趨步向前。而且，在這種服務氛圍特別濃的環境中，用眼神比用語言更加能夠凸顯客人的身份、地位，也更能幫助客戶建立掌控感，當然，掌控感之後要對得起自己的身份，就必須要多消費了。

51　不要小看一個眼神、一個姿態，甚至是香水味道的選擇。這一整套動作，包括細微的位置、神態和姿勢，甚至包括香水類型，都是社交表達。有一處不妥，就可能得罪客人，比如，一個服務員如果用的是香型濃烈的 Dior 毒藥系列，會讓客人怎麼想？

和角色配合，讓雙方都更加心安理得。

這就是社會規則和社交表達的魅力。

有的時候，視野和經歷會直接決定一個男人的社會成就，恰恰也是這個原因。

女侍者把他們兩個人引導到的，是一個充斥着強勁節奏音樂的大廳，除了吧檯處燈光比較明亮外，卡座和半封閉的包間區域燈光都很暗，DJ 台和秀台上方，被陰暗的藍色燈光籠罩，顯得很冷豔【52】。

華生是第一次來到這種地方，幾乎每一個角落都讓他的胸口感受到了壓抑，再加上音樂的音量大到出奇，引得心臟和胸腔跟着一起共振，華生感覺到肚子似乎有點疼【53】，非常想逃離這個完全陌生的環境。

但他看到戴猛卻輕描淡寫地跟着女侍者走進一個包間，一見沙發就彷彿失去了身體的平衡一樣倒進沙發裏，完全是一副駕輕就熟的樣子，並且臉上也沒有了學者和高管的那種莊重，竟然換上了玩世不恭的笑容。華生心裏安分了些，有些侷促地半坐下去，不知是該像戴猛那樣表現得紈絝一些，還是繼續保持自己的青澀模樣。

女侍者跪姿呈上酒單，側歪着頭，像不諳世事的女孩那樣等待着戴猛點酒。在華生眼中，那女孩的樣子真的非常清純。華生的心

---

52 燈光可以用來影響人的情緒，讓人產生特定感受。只有在充滿警惕的對抗心態下，才可能用理性思維和專業知識來推測藍色燈光氛圍的用意，進而不上當。但是，倘若是沒有對抗心態，而是處於自然鬆弛的心態下，即使是專業的燈光設計師，也會被氛圍光線所感染。這就是從感官到情緒，再從情緒到決策的力量。

53 音樂是有節奏的不同音階組合。無論是頻率還是音量，都能從物理的角度引起人體的某些器官共振。所以，華生才會有異樣的感覺。人類無法控制生理上的共振。所以，生理刺激的力度，要比心理刺激（比如語言）效力大得多。

中甚至湧出些許憐憫，覺得這麼好的女孩怎麼能跪着給客人服務呢【54】？居然還做得如此心甘情願，這必定是吃了很多苦，不得已而為之。

　　戴猛卻看都沒看女孩雙手呈上的酒單，只是把卡輕輕甩在桌子上，伸出五個手指，然後拍了拍女孩的肩，示意她可以去了。這麼不尊重對方的表現，讓華生心裏覺得不是滋味，一時間搞不清楚剛才還知書達理的老闆，怎麼一進夜場就變成了這副模樣？華生不由得皺了皺眉【55】。

　　女侍者卻絲毫沒有任何情緒上的變化，仍然一副天真快樂的樣子，拿着卡離開了包間，離開之前，還不忘向華生頷首致意，臉上的微笑非常甜美，露出了八顆整齊的貝齒。

　　接下來的十幾秒鐘，包間裏有些尷尬。華生不知道該做些甚麼，又不願意像之前那樣去和這位新認識的老闆探討甚麼學術問題。大概他自己也沒有意識到，就是因為剛剛那一瞬間產生的厭惡情緒，使得自己心中不願意主動提起甚麼交流的話題【56】。但是，這個時候，他是知道自己的身份的，也清楚地知道未來和戴猛的關係，所以他只是呆在那裏，而沒有離開這個地方【57】。

　　戴猛打破沉默，招手示意華生坐近一些，問他："你嫌我對小女

54　華生再次將社交表達誤認為是情緒表達，自己也就應激產生了情緒反應。

55　華生開始出現厭惡情緒，刺激源是戴猛的表現。

56　華生心裏產生的厭惡情緒，做出了非常強力的決策，就是疏遠戴猛。厭惡是所有情緒中，最容易造成感情破裂的情緒，沒有之一。

57　這是華生的社交決策，儘管心存厭惡，但因為工作等社交規則的原因，還是沒有採取逃避或排斥的行為。

孩態度不好啦？"

　　這一問，讓華生惶恐起來，一是因為以下級身份對上級心生"嫌棄"，可是性質嚴重的"忤逆"，何況自己還是個新人；二是華生沒明白，戴猛如何知道自己的感受的，儘管他知道，對面的這個人致力於研究表情。

　　戴猛看他一副不安的樣子，簡單說道："不用擔心，我又不是小心眼兒。"

　　一句話就把華生不安的情緒給疏解了。

　　華生沒有注意到，也無暇注意到，為甚麼簡單的一句話會對自己產生這麼大的影響。

　　戴猛繼續問道："你是不是還想知道我怎麼知道你'嫌'我態度不好了，對吧？"見華生點頭，戴猛嘴角一翹，說道："你看我把卡交給她的時候，皺了下眉，眼瞼順勢閉合了一點，嘴看不清，燈光太暗、動作太小，不確定有沒有上嘴唇提升【58】。不過，皺眉 + 眼瞼閉合的動作組合，只會出現在厭惡表情裏，所以，你的基礎情緒是看不慣我的做派，心生討厭。而且，你皺眉的時候，兩個眉頭微微向上了一點點。這一點眉頭的動作變化，代表的不是恐懼【59】就是悲傷【60】。不論哪種情緒，都說明你'嫌'我了。如果是恐懼，那就應該表示'這個人怎麼這樣，太可怕了'；如果是悲傷，那就應該表示對女孩的憐憫。"

58　皺眉 + 眼瞼閉合 + 上嘴唇提升，是厭惡表情的形態特徵。當你看到其中上半臉的皺眉 + 眼瞼閉合，或者看到下半臉的上嘴唇提升之後，只要沒有與標準形態特徵相反的動作，比如睜大眼睛，那麼無論上半臉特徵還是下半臉特徵，都可以說明厭惡情緒的產生。

59　恐懼的表情特徵中，眉頭蹙起配合的是睜大眼睛的動作。

60　悲傷的表情特徵中，眉頭蹙起配合的是閉合眼瞼的動作。

華生的脊樑骨有點發涼，微微地打了個冷戰。這是被戴猛細緻入微的觀察和邏輯縝密的分析給驚嚇的。

看到華生這副無措的樣子，戴猛哈哈大笑，用力拍了拍華生的肩膀，在他耳邊説："我帶你來，不是真的來玩，我需要你快點加入到我的研究中來。還記得嗎？我是帶你來這種'有規矩'的地方，看看真正的應激反應的。讓自己不突兀的方法，就是用情境中的常規做派，把自己融進去。【61】"

華生聽完這些話，心裏的糾結和彆扭完全消失了。他也打起精神，張開雙臂依靠在沙發裏，還搭起了二郎腿，扭頭對着戴猛靦腆一笑，然後目視前方，揚起下巴，擺出一副了不起的小弟模樣。

戴猛看到他這套電影的演法，搖着頭笑了起來。

2. 暖場：女人天生具有的魔力

不多久，女侍者帶領着一個衣色不同的服務員，端着 5 瓶酒回到了包間。服務員的托盤裏，還有啤酒和非酒精飲料，以及礦泉水，密密麻麻地擺了大半張桌子。再加上好幾套杯子和兩個冒尖的冰桶，桌子上就顯得非常豐富。"觥籌交錯"這個詞，不知從哪兒冒出來，在華生的腦子裏飄盪。

女侍者仍然可愛地笑着。戴猛讓她把隔音簾放下，並把燈光調

---

61 要觀察別人的真實狀態，最佳的策略是像變色龍一樣融入情境中去，不引起被觀察者的特別注意。否則，觀察到的變化可能不是人家的真實情緒反應，而是由自己的特殊舉動引起的社交表達，最終對歸因分析帶來干擾。

亮了一些。女侍者用目光詢問,看到戴猛擺擺手,就讓服務員先退出,然後自己再回過頭來,特意向華生點點頭,然後才倒退着離開了包間。

半透明的隔音簾讓包間內的音量小了很多,人也立刻覺得清爽了很多,不再那麼鬧心。再加上燈光變得亮了些,又很柔和,彩色的光線經過這麼多瓶瓶杯杯的折射,加上了不同的酒水的顏色,讓人的眼睛也覺得輕鬆很多【62】。

華生這才注意到,每一瓶酒都是打開過的,酒杯的數量也遠遠不是給兩個人用的。

他正要抬頭詢問,戴猛則把食指放在嘴唇中間,做了一個"噓"的動作,示意他這時候不要問問題。

戴猛給華生和自己倒上酒,加了冰塊後,剛剛碰杯,就聽見門口的地方響起了一陣鶯鶯燕燕的嬉笑聲。

華生循聲望向門口。

三個穿着糖果色短裙的女孩子走了進來。室內的香氣立刻濃烈了許多,但與女侍者的清甜味道不同,這次的香味是甜膩膩的那種,倒也不是廉價香水的檔次,只是太過刻意,生怕別人不知道自己塗抹了香水的那種刻意。

三個姑娘甜美地微笑着,用眼神請示了一下戴猛,戴猛點點頭,

---

62 好的環境光、空間尺寸、氣味和聲音,以及空間中人的表現,都能成為有力的刺激方案,讓你壓抑就壓抑,讓你舒暢就舒暢。比如說,在海邊就是比在監獄裏要痛快得多!沒辦法,人就是用眼睛看世界,用耳朵聽世界,用鼻子聞味道,用皮膚接觸這個世界。這些刺激所帶來的感受和情緒決策,比單純而抽象的邏輯思維更加強有力。

示意可以坐下。三個女孩子搖擺着被短裙包裹的腰臀，輕巧地閃身就位，自然而然地把兩個男人夾在了中間。穿粉色短裙的女孩從華生腿前側身而過的時候，修長的兩條腿在嫵媚的燈光下，一起一伏地在豐潤的曲線上揚起了亮暗的變化，晃得華生不敢睜開眼睛。

華生感覺身邊一左一右的兩個姑娘似乎體溫很高，竟然有微微的熱量輻射到了自己的皮膚上。偏偏在不經意觸到的時候，卻又明確感覺是涼涼的冰潤，還有些滑膩。華生一邊臉紅氣短地發熱，一邊又希望多點這樣的觸碰，以緩解自己的濕熱難耐。

華生的心怦怦直跳，手心有點出汗，想往褲子上抹，但又覺得那樣太丟人。他此刻只能用鼻子聞到縈繞在自己周圍的香氣，別說不敢抬眼看看四周，就是耳朵裏聽到的聲音，也似乎飄飄渺渺的不那麼清楚。坐在自己左邊的女孩子非常熟練，端起兩隻酒杯，遞給華生一隻。華生憷憷地接過來，機械地碰了一下杯，抿了一口，看到女孩喝掉一大口後眨動着眼睛表示詫異，忙又補了一大口，而後故作鎮定地笑笑，算是給了女孩一個回應，接着忙轉過頭去，不敢和女孩對視。好在，中間的女孩此刻正從沙發上探起身，在桌上拿着甚麼東西，沒有從另一側"包抄圍攻"。正在暗自舒一口氣的節骨眼，剛剛敬酒的女孩又把手搭在華生肩膀上，湊着耳朵問他："先生要玩甚麼遊戲嗎？"軟軟的一點點體重壓在肩上，卻足以讓華生瞬間僵在那裏不敢亂動，頭也不扭地唯唯諾諾道："我不大會。"聲音小得自己都聽不到。

好在這個時候，華生褲兜裏的手機振動了一下，應該是短信。

華生把身體往後遠遠地仰倒，防止兩旁的人看到手機屏幕，然後才打開短信，上面是戴猛發來的文字："記住自己現在的感受和表現，這是反應一。不要多想其他，這些女孩是職業暖場妹，不會欺負你也不會被人欺負，當她們是服務員就好。"

華生快速掃完，知道此刻不該去看戴猛，也就若無其事地放回手機，心想："原來是這樣。"

儘管他並不確定暖場妹是幹甚麼的，但根據字面也能猜個八九不離十。說來也奇怪，戴猛的短信似乎吹散了繚繞在身邊的五彩雲霧，自己開始能冷靜地看待身邊的女孩了。【63】

　　華生會慌，是因為沒有掌控感。掌控感和自信，都來自於自己認為可以解決問題。如果連問題是甚麼都不知道，怎麼可能有掌控感呢？而一旦明確了問題所在，再加上自己知道可以如何應對，自然就會產生掌控感。"未知"和"不熟悉"，是很可怕的刺激源，用的巧妙，可以讓人產生強烈的不安和自卑。

接下來的時間，華生感覺到很輕鬆。戴猛和華生時不時地和三個女孩碰碰杯，有一搭無一搭地聊聊天，華生也敢於觀察這三個女孩的樣子了。每個人都很小，應該也就 20 歲左右；皮膚很好，身材嬌小，沒有贅肉，在裙子的襯托下顯得凹凸有致；五官精緻但妝容

63　一旦對自己和旁人的定位清晰起來，二者之間應有的規矩也就清晰起來。彼此間能做甚麼不能做甚麼、怎樣相處更好，是最基本的兩個問題。很多時候的慌亂和無措，是因為當事人並不能搞清楚這個重要的前提。

濃艷，不知道真人長成甚麼樣子。儘管她們把自己打扮得窈窕性感，但言行舉止卻還是規規矩矩的，沒有給華生造成太大的壓力。

　　華生特意注意了一下幾個人之間的身體距離。儘管是挨着坐，女孩們也偶爾會貼貼蹭蹭，但都沒有進一步地"用力"靠近和意圖表達【64】，兩個男人也因此可以比較安心地喝酒聊天。

　　三個女孩可能也很高興碰到比較省心的客人，不用應付那些輕薄調戲和試探，有的點歌，有的輕舞，間或過來喝一口酒、玩玩骰子。戴猛知道她們是俱樂部老闆僱來活躍氣氛的，就拉着華生有一搭沒一搭地談笑應對着。其中一個女孩的歌唱得還很專業，高音上去的時候絲毫不吃力，居然還有婉轉迴旋的餘地。後來他才知道，這些女孩很多都是藝術院校的在校學生，掙些零花錢，並不幹"髒活"。

　　華生就這樣觀察着，心裏暗暗記着、想着，時間很快過了一個小時，戴猛在其中一個女孩耳邊說了短短兩句話，女孩很懂事地叫上自己的同伴，禮貌地離開了包間。

　　戴猛歪頭笑着看了看華生，華生感覺很輕鬆，沒甚麼異樣。戴猛說："你適應得快，比我當初強。後生可畏啊！時間差不多了，做好心理準備，遇到甚麼情況都記得保持現在的狀態，試試看。"

　　音樂提升了節奏，變得更刺激也更魅惑，強勁的電子打碟聲中間或摻雜着女聲的囈語和喘息，人們的矜持也迅速消褪，越來越接近本性的一面。華生默默唸叨："心理學常用原理，從眾效應：通過

64　姑娘們沒有用力表達，也沒有身體趨近，就可以說明沒有構造親密關係的訴求，這一切只是工作而已。相反，如果對構建親密關係有積極意願，一定會出現身體的趨近和表達的重點突出，甚至重複表達。

製造氛圍讓大家覺得人人都狂野,我狂野一點也沒關係。"在舞池中跳舞的人們體能也變得更加充沛。服務員們明顯忙碌了起來。

華生還在想戴猛的話,不知道他指的是"遇到甚麼情況",隱隱產生了一種又期待又害怕的感覺,也許是因為酒精的作用,期待的躍躍欲試壓制了害怕的惶恐不安。

3. 高潮：溫柔鄉裏的高手博弈

在影影綽綽的燈光下,穿着性感的美女也逐漸多了起來,大多數都會把胸口和雙腿盡最大可能地暴露出來,剩下的部分被各式柔軟的布料緊緊包裹住。她們有的男男女女幾個人坐在卡座裏玩樂;有的坐在吧台上獨自小酌;還有的穿梭在人群中尋找着目標。

兩個女孩敲了敲門,輕盈地走了進來,修長的雙腿和胸前微微的晃動散發着天然的魅惑。

華生抬眼一看,只能感覺到眼前一片白花花的影像迎面壓迫而來,至於對方是何真容、穿着幾何,卻怎麼也看不清楚,這讓他更加不敢正眼看。印象裏,只記得女孩子臉上的妝容散發着"我很好說話"+"草根請自重"的混合風味,似乎媒體上經常出現的很多面孔就是這種勁兒。這種混雜的味道,也讓華生無法感受到自己應有的正確定位,是可以隨便搭話的那類,還是需要自重的那一類呢?

正侷促間,手機振動。華生穩定了下心神,暗暗斥責自己這些沒見過世面的反應,掏出手機查看短信,就好像沒有注意到有人坐到身邊了一樣。

短信上寫道："這是職業陪酒，尺度大，有目標。少喝酒，不配合。"

華生正仔細思考最後一句話的意思，卻驚覺身旁的女孩已經把手搭在了自己的大腿上，溫熱的感覺快速襲來，衝擊得華生的脊樑一陣輕微抖動。他明顯感覺到自己的呼吸有變快的趨勢，而且口舌發乾，鼻子裏傳來的淡淡的撩人香味讓自己的大腦有點飄【65】。華生強行忍住這些本能的反應，試着慢慢用嘴把一口氣緩緩地均勻地吐出來。

不過，他不知道是不是應該把女孩的手從自己腿上拿開，在一猶豫的間隙，本能的燥熱迅速擴張。女孩子把身體順勢倚過來，嘴唇幾乎貼着華生的耳朵，輕聲說："先生，可以一起玩嗎？"華生的耳邊感受到的是溫熱又濕潤的氣息。

儘管戴猛囑咐過他"不配合"，但對於華生來講，這場景仍然完全失控，很難像經多見廣的老江湖那樣自在。

他只好故作要站起來拿東西的樣子，想藉機擺脫那隻手。但沒想到，這姑娘也貼着他的身子站了起來，並且藉機又往他身上擠了一下，幾乎全身都靠了上來，溫潤的感覺迅速襲遍全身。女孩把頭探到華生的側面，微微仰着頭做出一副乖乖的樣子，媚着眼睛嬌聲問道："先生，你要拿甚麼，不用自己動手的，告訴我就好啦！"

---

65 這些是性興奮的表現。性興奮是交感神經興奮的結果，會造成呼吸系統和循環系統的工作加快，所以，人愛出汗、心跳會加快、血液流動得也猛，瞳孔放大，能量燃燒加速，肌肉和大腦同步興奮。但同時，消化系統會減弱工作效能，所以口水分泌會減少，人會不由自主地想嚥口水。

華生嗓子裏木訥地"哦，哦"了幾聲，連他自己也不知道是想說甚麼，身體卻僵在那裏，備顯尷尬。除了必須要堅持的底線還非常清晰外，他感覺自己似乎只能被當前奇怪的氛圍所裹挾，已經完全不知該如何控制當前的局面了。

女孩看他沒反應，似乎立刻明白了身旁這個年輕人的經驗水平，馬上用手拍拍他的肩膀，嘴裏驕傲地說道："好啦，好啦，聽我的好不好？你去坐着，我給你調一種好喝的酒，讓你一次就記住我。"說完還壞壞地笑了一下，簡直就差把風月場所練就的優越感抖落出來了。說完，她扭身併攏雙腿半屈着去桌上挑挑揀揀。這樣的姿勢，恰好把短裙下最飽滿的曲線翹起，朝向華生。再加上一隻手撐在膝蓋上，纖細的手臂和豐腴的大腿都因為收縮的姿態而散發出纖纖弱女子的味道，這味道會讓很多無知的男人產生憐愛的慾望和自以為是的雄壯錯覺[66]。

青澀的小女孩根本不知道如何展現自己的性別魅力，只會和小男生一樣害羞和矜持。能憑藉動作和姿態散發出強烈女性魅力的人，若不是已經歷練得風情萬種，就是經受過特定的練習。無論哪種，都可以歸到社交表達的範疇中。一方是社交表達做出的刺激，另一方是真實直接的情緒反應，天平在這一瞬間完全傾斜了。

戴猛似乎沒有任何新的意圖。華生無奈又忐忑地向後倒在沙發

66　生理刺激永遠是最強的刺激源，對於特定年齡的人來講，比如華生這個年齡，性刺激是強有力的，強有力到可以衝破所有的理性思維約束。這也是為甚麼很多高官會落馬於紅顏，有些皇帝會沉溺於溫柔的原因。但是，對於華生而言具有強烈刺激的刺激源，卻是富有經驗的職業"紅顏"刻意做出來的姿態和舉動。

上，使勁兒捏了捏拳頭【67】，感覺身體還是自己的，也感覺到力量仍然在握。當他抬眼朝戴猛的方向望去後，心裏的感覺好了很多。

坐在戴猛身邊的那個女孩子身穿一件紫色的抹胸短裙，最下方的兩寸裙擺是細膩的黑紗，使得臀部和雙腿的弧線若隱若現；小腹的位置繡着一隻神秘的孔雀背影，低垂的長尾羽翼恰好遮擋在雙腿之間，會讓人自然將目光停留在孔雀身上，越是想看清楚每一片雀翎，就越會意亂神迷。

女孩子把手扶在戴猛的肩膀上，雙腿交疊在一起，大小腿的完美比例顯露得淋漓盡致。她也靠在戴猛的耳邊說了句甚麼，戴猛一副淡定的笑容，用手指了指桌上的 XO。女孩兒笑容蕩漾地站起身來，誇張地扭了扭胯，搖擺着特意從桌子外側繞了一圈去倒酒。這個姿態讓華生覺得喉頭一緊，直接在腦海中想到一個詞——尤物。

待到她端着兩杯酒回來，戴猛伸手示意華生和另外那個女孩也坐過來，說道：“大家一起玩，開心點啊！”華生聽出，戴猛還故意加入了洋腔調，心中暗暗好笑。

四人坐在一起，兩個女孩在外面，華生挨着戴猛坐。人一多，酒下得就快。戴猛身邊的孔雀女孩見喝到了杯底，又貼過來問：“我有一個配方，叫做‘一杯到天明’，要不要試試啊？”

華生身邊的女孩拉着他的手臂晃動道：“喵喵姐的配方很厲害的，好多大叔喝了之後都龍精虎猛呢！”一邊說，一邊衝着那個叫喵

67　戰鬥反應，是對抗心態的外顯表現，説明了不屈服和取勝的慾望。所以，華生的這個無意識的動作，表達了對抗的心態，要對抗的正是這對他而言充滿誘惑的情境。

喵的女孩閃動眼睛，兩個人很有默契的樣子。

戴猛問道："哦，哪種'一杯到天明'啊？是 high 到天明，還是睡到天明啊？【68】"

喵喵給出了心領神會的得意笑容，故意皺着眉說："你討厭！明知故問！要不要試試？"

正在喵喵要再次起身去調酒的時候，戴猛板起面孔，裝作很嚴肅的樣子說："小姑娘，慢點來，我這 5 瓶酒存在這裏有 3 個月了吧，你今天一來，就給我喝掉三分之一，這我可真要心疼到天明了。【69】"說完，哈哈一笑，若無其事地蹺起二郎腿，敲打着手指等待着兩個女孩的反應。

喵喵臉上立刻顯現出一臉詫異，微微後退了一下身體，睜大眼睛看着戴猛，約莫持續了三四秒，臉上的笑容幾乎消失得乾乾淨淨【70】。就連華生身邊的女孩，也停住了所有的動作，睜着大眼睛盯着戴猛的臉看，假睫毛忽閃忽閃的越閃越快【71】。

華生心中暗暗好笑，自言自語道："驚呆了，嘿嘿。"

68　要區分社交行為和情緒反應，最重要的是判斷，啟動一個動作的最原始訴求，是為了解決自己的問題，還是為了解決人和人之間的問題。戴猛，就是為了解決人和人之間的問題，才會那樣談笑風生地掌控局面。他的每一個笑容、每一個腔調，以及每一個動作姿態，都是經過皮層的設計和指令來完成的。而華生的捏拳頭，則是為了解決自己的問題，雖然也經過皮層下達指令，但原始心理動因卻是情緒化的，是希望獲得對抗的勝利從而保證自己的安全。

69　這是戴猛的第一輪刺激源。他講，這 5 瓶酒存了 3 個月，喝太多會心疼，說明這些酒喝得並不勤，也就是在酒吧裏面消費不是很多。窮，對於很多人來講是窘迫的；窮再加上裝不窮（比如一溜兒擺 5 瓶），就是十足讓人厭惡的做法了。戴猛實施了一個故意讓別人看不起的刺激源。看不起，屬於厭惡類情緒。

70　喵喵的後退、睜大眼睛和笑容消失，是驚訝＋厭惡的綜合表現。

71　另外一個女孩睜大眼睛＋眨眼加快的反應，是驚訝＋想不明白的綜合表現。

　　那姑娘畢竟經歷豐富，呆住片刻後，馬上擠出一臉的笑容，扭了一下身體，用手在戴猛的手臂上輕推了一下，道："先生真會開玩笑，您怎麼會心疼這幾瓶酒呢？來這裏，還不是家常便飯的事嗎？"說完，又要起身去調酒。

　　戴猛的第一個刺激源立刻生效了。一個"裝不窮"的表達，讓兩位風月高手立刻改變了自己的判斷和立場，這就是情緒的力量。

　　當然，高手博弈，輸贏只在片刻之間。喵喵為了驗證自己的意外判斷，繼續努力地想要去調酒，也藉機觀察戴猛的反應。如果她再次要求，而戴猛再次心疼地阻止，那麼她就會得出"真窮"的結論，所有戲就全部結束了。

　　這次戴猛沒有攔着，而是呵呵一笑，揮揮手表示隨她。

　　看到這個鼓勵的動作，兩個女孩又都進入了興奮的狀態，用優雅的姿態踩着高跟鞋，順勢擺弄着各種顯露身體曲線的姿態和耀眼的器官，大概展示了能有一分鐘之久，才把這"一杯到天明"調製完畢。

　　華生起初看時，還是各種心跳氣短，這樣的風光對於他這種一清二白的新學生來講，衝擊力當然很大。不過，當他看到戴猛揚起的單側嘴角和淡定的目光時[72]，感受到了和自己完全不同的氣場，不由得模仿起來。

72　單側嘴角上揚是輕蔑表情的典型特徵，輕蔑就是看不上，説明女孩們的姿態沒有入他的眼，沒有產生刺激效果。淡定的目光，其本質是不關注，因為關注的目光會不斷隨着刺激源而跟隨移動，並且不斷地調整對焦以保證收視清晰。淡定的目光一般是穩定的視線，不隨着刺激源的移動而移動，也不會有對焦的調整，表示不在意。

　　兩個女孩回歸自己的座位，喵喵並沒有在戴猛身邊坐下，而是停在戴猛身邊之後，輕輕轉動了一下身體，作勢要往戴猛的腿上坐下去。戴猛沒等她挨到身體上，就用手在女孩腰間輕輕拍了一下，然後翻腕看了看時間【73】。

　　喵喵顯然有點尷尬，明白對方的意思是要自己坐邊上，這種情況還是比較少見，通常代表着客人並不喜歡自己。這種情況下，要麼放棄，要麼繼續努力。當她看到戴猛手腕上的錶時，眼睛亮了一下【74】，非常從容地坐了下去，把酒遞給了她的客人。

　　華生一直在看戴猛的行為，也看到了喵喵的反應，他偏了下頭，手托着下巴專注地觀察戴猛後續要做甚麼，連身邊的女孩給他遞酒都沒去理會。

　　在華生眼裏，戴猛持續端着手腕看錶的動作明顯有點故意，直到他確定喵喵看到了自己的錶並坐下來，才把手放下去，又恢復了一副高深莫測的樣子。

　　兩個女孩開始推銷她們調製的配方，華生啜了一口，覺得非常難喝，又想起戴猛說過的“少喝酒”，也是真的怕喝過之後“一杯到天明”，就應付着和自己身邊的女孩碰碰杯，但並沒有讓杯中的酒變少。

73　戴猛看錶，實際上是實施了第二個刺激源，這個動作是故意的，故意讓女孩看到自己的錶。同時，用手拍拍坐的地方，也是一種下達指令的動作，表達了自己的控制感，建立強勢角色。

74　眼睛亮了一下，實際上是眼瞼快速提升的結果，由於眼球暴露的面積增大，反光面積增加，所以會產生“亮”了一下的效果。這說明喵喵被驚到了，而且興趣瞬間提升。能讓人驚訝的事情，都具備兩個特徵，一是意外，二是關心。喵喵驚訝於這塊錶，說明第一她沒想到，第二她關心。太好的錶和太差的錶都能讓人意外，那麼哪種錶能讓她關心呢？答案當然是好錶。大家可以想像一下，如果是一塊很差的錶，喵喵會是甚麼反應？

　　過了幾分鐘之後，女孩們的攻勢稍微弱了一些，戴猛從兜裏掏出一串鑰匙，作勢遞給華生，說道：“今晚喝酒了，我的車停在這裏。你明天一早去我的別墅，開這輛車送我上班。【75】”華生還沒接，就看到身邊的女孩接過鑰匙，拿在手裏彷彿在仔細欣賞一樣【76】，插話道：“哇！瑪莎拉蒂呀！”說話的同時，她貌似不經意地用手輕輕地掂了掂，臉色瞬間一變，把鑰匙塞進華生的手裏，力氣很大。

　　這個明顯不夠淑女的動作，讓華生扭頭看了她一眼，發現她正在和喵喵交換眼神，兩個人的嘴角都撇了撇，眉毛有點皺起來了，一臉的嫌棄和不高興，完全遮掩不住地流露了出來。

　　喵喵的皺眉加深了，坐直身體和戴猛保持了距離，揶揄道：“先生，您的瑪莎拉蒂是淘寶上買的吧？”【77】

　　戴猛斜着眼睛看了看她，沒回聲，抿着嘴笑了笑，按下了服務鍵。服務員很快就閃身進門，問道：“先生有甚麼需要？”

　　戴猛掏出錢包，從裏面密密麻麻的十幾張卡中挑出了一張黑色的卡【78】，示意要結賬。

　　這張黑卡的出現，讓本已起身想要離開的喵喵又坐了回去。她

75　這是戴猛實施的第三個刺激源，拋鑰匙，是豪車的鑰匙。

76　姑娘們對豪車的鑰匙非常敏感，趕忙搶過來看看。因為一輛豪車的真假，就可以斷定之前的迷局到底真相如何了。對於姑娘們做生意來講，時間成本非常寶貴，如果確定了這兩個傢伙是窮鬼，立刻結束。

77　掂一掂重量，經驗豐富的姑娘們馬上知道了是假鑰匙，所以才會出口諷刺“淘寶買的”，更加配合毫不掩飾的厭惡表情。要知道，此刻的表情是嫌棄的厭惡，而不再是輕蔑了。因為裝不窮這種騙術，是最為做生意的姑娘們所不恥的。浪費她們的時間，就是損害她們的利益，這種級別的刺激源，可以引發憤怒。強烈的厭惡，只有一紙之隔就會到達憤怒。

78　黑卡是戴猛實施的第四個刺激源。在很多銀行，黑卡代表的是絕對的高額存款才能獲得的級別。

試圖從嚴厲的神色中擠出笑意來，所以導致整張臉很不協調地怪異起來，身體也不知是該貼近還是保持剛才嗔怒的姿態。

她從戴猛手中接過那張卡，在遞給服務員之前快速掃了一眼卡號【79】，然後連瞳孔都放大了，扭了一下身體又靠在戴猛的身上，撒嬌似地説："我的保時捷也是淘寶上買的，親。一會兒您有甚麼安排么？要不要我送您回家？"

很明顯，喵喵和同伴知道這張卡意味着甚麼。

注意，這是典型的社會規則——甚麼樣的銀行卡更能代表財富多，但社會規則的刺激可以引發情緒變化，這就是我們人類的複雜大腦給出的機制。典型的社會規則並不是只能引發社交反應，負責處理社會規則的皮層一旦想明白規則背後所代表的直接利弊，就可能引起強烈的情緒。

這不，兩個原本被假瑪莎拉蒂鑰匙惹急了的女孩兒，又立刻變了一副臉色。當然，從強烈厭惡向愉悦表達拐彎，是沒有那麼容易的。因為後者是社交表達，黑卡並沒有造成她們的愉悦情緒，而是造成了她們做出討好行為的動機，所以表情很難從剛才真實的厭惡轉變為自然的笑容，因為情緒的力量要比可以為之的命令強大得多。

服務員正要轉身離開，突然聽戴猛説道："等下，那張卡裏剩的錢不多了，我中午剛取了 500 借給人【80】，抱歉，我換卡買單。"

聽到這句之後，喵喵姑娘再也堅持不住了，果斷地站起身來，拉

79　卡號越講究，比如 "888888" 這種，就越能代表財富和地位。黑卡的展示，無疑是為了告訴旁人，"我很有錢的"。

80　戴猛設置的第五個刺激源。

上她的小夥伴，頭也不回地離開了房間，連走路的姿勢都不像之前那麼嫵媚了，更像是氣急敗壞的鴕鳥。

"取了 500 借給人"這件事，實在是擊穿了姑娘們耐心的底線，這種先展示富豪卡又把錢不夠的金額拉低到百位數的戲弄，不僅僅讓姑娘們感覺掙不到錢，更重要的是直接挑戰了作為生意人的尊嚴。

挑戰到尊嚴的刺激源，都會激發憤怒，而且是強烈的憤怒。

4. 挑釁：一切，盡在掌握中

服務員有點傻眼，站在那裏不知該做些甚麼。

等她們走開了一會兒後，戴猛哈哈大笑，掏出另外一張帝王卡，交給服務員說，用這張卡結算。華生雲裏霧裏的不是很明白，只知道剛才兩個女孩出門的時候，嘴裏忿忿地罵了句甚麼，一臉恨恨的表情。

結過賬，戴猛和華生往外走，華生要問，戴猛說："等一等，今晚最後一輪刺激反應馬上要來了，別急，以後有的是時間講給你聽。"

就在他們站在路邊等代駕把車開來的時候，一群人疾步向他們走近，華生感覺到了隱隱的危險。

等到燈光足夠照亮他們的面孔時，華生不由得倒吸了一口冷氣，感覺到身體裏的血液四處亂竄，有點發抖。華生知道，這是腎上腺

素過量分泌的表現。【81】

　　對面的一群人裏，有兩個他們認識，正是剛剛一起喝酒的喵喵和另外一個女孩。她們身邊站着的，是四個光頭男子，每個人的脖子上，都文着一條彩色的蟒蛇，栩栩如生，似乎真的盤繞在脖子上一樣，散發出陰森危險的氣息【82】。

　　喵喵指着戴猛説："二虎哥，就是這兩個孫子，逗我們玩！"

　　二虎往前邁了一步，用鼻尖壓住戴猛的鼻尖【83】，惡狠狠地説："你們假裝有錢人，佔我妹妹便宜，是吧？跟我們走一趟，別在這地方濺着血。"他身邊的另外一個光頭，拿出一把蝴蝶刀，嘩啦嘩啦地甩動着。

　　華生不由得心跳加快，向後退了一步，用眼神掃向四周【84】，發現"十二重天"的保安正快步走過來，才感到安心了些。

　　戴猛的身體沒有做出任何動作，就這樣被對方壓着鼻子，緩緩向上翻起眼睛和對方對視【85】。

81　這些都是由恐懼情緒引發的身體反應。生理性恐懼會讓交感神經興奮，從而保證自己的安全。

82　統一的蟒蛇文身，和軍隊統一的制服一樣，能夠讓個體成員感受到團隊的強大力量，從而使自己更加自信和積極地參與行動。

83　用鼻尖壓住戴猛的鼻尖，是極為明顯的示威行為。這種肢體的接觸和位置的擺放，處處顯示着行為人的強勢心態。當然，這樣的動作是故意的。在這裏，我們要討論一個問題，故意做出的動作是不是一定是假的——社交表達都不真誠嗎？不是這樣的，二虎的動作和他的心態完全一致，都是壓制性的自信，覺得自己完全能夠擊敗甚至威懾到對方。所以，社交行為不代表一定作假，可以是真實心理的表現。但情緒行為，一定是真實心態的表現。這兩個規則並不矛盾。

84　華生在本能地找幫助或者找逃離的路線，害怕的時候，視線會快速多變，以便搞清楚危機狀況並找到解決策略。

85　戴猛也是刻意為之。戴猛的心裏也完全沒有畏懼，知道怎麼搞定面前這幾個小流氓。再次證明，社交行為可以代表真實心態。

　　這個對視挑戰了對方的權威，瞬間激起了對方的憤怒。二虎像惡犬一樣露出牙齒，伸手要抓戴猛的領子。華生不知哪裏來的力氣，張開手臂想要擠到二人之間。

　　就在這時，一陣急剎車的刺耳摩擦聲穿破了緊張的氛圍。除了戴猛之外，所有的人都循聲望去。

　　戴猛的臉上微微笑起。

　　車上下來一個人，砰的一聲甩上車門，往車身上一靠，低頭點了根煙。然後，一邊吐着煙霧，一邊衝着這邊的人群招招手，像召喚小孩子或者寵物一樣地招招手。

　　玩刀的小兄弟看到這人一副玩世不恭的樣子，罵罵咧咧地快步衝上去就要動手。二虎卻馬上變了臉色，急忙喝止自己的手下，小步跑過去，衝着那人低頭鞠躬，點頭哈腰地示好[86]。

　　來人用手在二虎腦袋上搧了一下，伸手指向戴猛這邊，訓斥了一句甚麼。二虎馬上小步跑過來，立正站好，雙手放在大腿兩側，規規矩矩地鞠了一躬，臉上帶着諂媚的笑，說道："這位爺，您別在意，我是有眼不識泰山，驚了您的駕。給您道歉了，您大人不計小人過，我們這就走了，不礙您的眼。"說罷，衝着手下的兄弟和那兩個陪酒的女孩示意，所有的人一起正正經經地向戴猛鞠了個躬，悻悻地離開了。

86　二虎的低頭鞠躬和彎腰示好，是不是代表着真的畏懼呢？首先，當人在真的畏懼的時候，就會出現軀幹的彎曲和低頭的反應，這就是我們所說的"負仰視反應"。相反，挺直軀幹和仰頭、抬下巴等反向反應，是"仰視反應"，映射內心的高傲和優越感。但是，這樣的動作又有可能完全是刻意為之的社交行為，意圖表達自己的順從和服帖，從而減少摩擦和衝突。所以，當前這個情景，很難判斷二虎到底是心服口服，還是故意地卑躬屈膝。

　　來人這才走過來，居然收起了剛才的不羈形態，和戴猛用力地握了握手，説道："我來得還不算晚吧？"

　　戴猛也滿臉笑容地説："李警司，還好你及時趕到，要不然，我不定又給你的兄弟們惹甚麼麻煩呢。"

　　李警司説："這波人來了有 5 個月了，還算聽話，算懂規矩。今晚運氣不好遇到你。還好沒讓你出手，不然我又得費力氣。送醫院甚麼的是小事，關鍵是我還得重新馴化新人，麻煩！"

　　戴猛聽完，笑笑説："我不也越來越懂事，很久沒給你添麻煩了不是？現在不像年輕的時候，下手有輕重，最多也就是較量就得了。今晚是收了個新組員，帶他來啟蒙一下。"

　　兩人握手道別，看親近程度儼然是淵源頗深。華生不太能聽得懂兩個人的對話，再加上剛才的劇情波折，腦子也不夠用，也就客套地跟李警司道了別。

第8章

神秘“基地”

1. 在電視上 "賣弄" 微反應技巧的人

按照戴猛的囑咐，華生在週五上午準時到達了高校的信息中心。

找到信息中心辦公室後，華生敲門，裏面 "咔嗒" 一聲，門自動彈開。華生試探着推開一些，往裏面探頭看了看，發現裏面並不是一個房間，而是一個狹長的過道，從地板到天花板，四面都是鏡子，燈光經過反射沒有死角，對面的盡頭是另外一扇門。

"靠，CIA 啊！搞得這麼神秘。" 華生在心裏對自己吐了吐槽，又返回身確認了一下，這才謹慎地走了進去。身後，門 "咔嗒" 一聲自動關閉了。

走到盡頭的門口，華生的手指剛剛敲到門上時，看似鋼製的普通防盜門上竟出現了 4 個掃描區域，一個掃描面部、一個大區域開始掃描自肩至腳，另外兩個區域是手掌形狀，很明顯是要華生把手放上去。華生遲疑地向後退了兩步，正猶豫間，聽到一個女聲說："張華生先生，請您站好面對掃描鏡，把雙手放到手掌掃描區。我們正在創建您的個人生理數據，包括您的虹膜、掌指紋、肩髖比和股骨脛骨比。這些數據是您今後出入的唯一憑證。"

儘管華生覺得不可思議，但出於對戴猛的信任，還是照做了。

很快，華生面前的門（也許稱作儀器更合適）又恢復成了普通的鋼製防盜門的樣子，"滴滴滴" 低鳴三聲後自動打開。

出現在華生面前的，是一個大約有 1000 平方米的工作區，分為上下兩層，各種設備擺放有序。只有 10 來個人在裏面工作，他們面前的電腦屏幕上，在播放的內容大多是面部的表情特寫，也有的在反覆播放一段動作的錄像。

　　華生看到，戴猛站在二層的一間辦公室門口，招手示意他過去，在他旁邊還站着一個看起來像大學老師一樣的人，高高瘦瘦的。

　　戴猛儼然已經不是企業人力資源總監的商務風範，而是一副高校老師的樣子，連身上的運動服，也是開運動會的時候，學院發給全體教職員工和學生的那種，沒有人會稀罕【87】。華生這才想起，好像外面坐的那十幾號人，也是各種沒有風格的穿着，而不是常見的工位服裝。

　　戴猛首先給身邊的那個人介紹道："這是我最近找到的小徒弟，叫張華生，正宗心理學專業博士畢業。人很聰明，動物實驗和生活觀察都已經做完了，效果不錯。"

　　華生聽到 "小徒弟" 這個詞的時候，差點沒忍住笑出聲來。仔細打量一下面前戴着黑框眼鏡的年輕人時，發現他有點面熟，卻一時想不起來在哪裏見過。

　　在華生瞇起眼睛表達了尊重和客氣之後【88】，戴猛才給他介紹道："這位是姜振宇老師。"

　　一聽到這個名字，華生就想起來了。姜振宇，這不是那個在電

87　融入情境而不顯眼的訓練，讓戴猛保持穿着最普通、沒有特點的衣服的習慣。

88　瞇着眼睛表達尊重和客氣，是指笑的時候眼睛瞇得明顯，但幾乎沒有嘴部的動作，這是用禮節性的不完整笑容表達 "尊重和客氣"。完整的笑容，應該是眼瞼閉合與嘴角上揚、嘴唇咧開同步發生，而且眼瞼的閉合運動行程比例與嘴角的上揚行程比例，以及嘴唇咧開的行程比例完全一致。如果眼睛從正常狀態到完全閉合這個動作的行程算百分之百的話，那麼嘴角從正常狀態到上揚的最高點也是百分之百，同理，嘴唇從閉合的正常狀態到咧開的最大距離也是百分之百。那麼，當眼睛閉合 50% 的時候，注意觀察嘴角上揚了多少比例，以及嘴唇咧開了多少比例。如果這三個數值都是百分之百，那麼這個笑容就是純粹由情緒引發的真笑，因為用意志控制肌肉運動的假笑，不可能做到行程比例完全匹配。

視上賣弄微反應技巧的人嗎？節目名字記不清了，反正聽老師和同學們議論過，沒少丟人現眼犯錯誤。不知道為甚麼，雖然沒有看過電視，僅僅是聽說過這個名號，但本能地就隱隱產生了反感。華生暗道："老闆怎麼和他搞到一塊去了，真是良莠不分嘛！"

就在他把視線從姜振宇的臉上轉移到戴猛的臉上去求證的同時，戴猛和姜振宇的視線卻同時從他的臉上轉向彼此，相視一笑。姜振宇伸出右手迎接華生，握手的同時對華生道："你是不是看過一本叫做《對偽心理學說不》【89】的書？"

這是甚麼思路？話題怎麼轉移到這裏了？

華生點了點頭，微微皺起眉頭看着面前這位"名人"，發現他正盯着自己的瞳孔，單側嘴角明顯上揚地笑着。

"輕蔑的笑！這是甚麼意思！"華生心裏有點不高興。畢竟，誰都不願意被別人看不起。"你輕蔑我甚麼？我還看不上你呢！偽科學'磚'家！"華生在不知不覺當中，被激發了憤怒的情緒，甚至連他自己也沒有注意到這個微妙的變化。他的視線和面孔一同轉向了戴猛，不再理會這個"電視名人"。

姜振宇再次開口道："沒事，預製立場偏見是很常見的認知失調，不必當真。小兄弟能看到我的輕蔑，已經足夠好基礎了。戴總，人才一枚啊！恭喜！"

一席話說得戴猛哈哈大笑，華生則越發尷尬。

---

89 《對偽心理學說不》第 8 版，基思・斯坦諾維奇著，竇東徽、劉肖岑 譯，人民郵電出版社，
　　2012 年。

戴猛看着懵懵的華生，拍拍他的肩膀說："姜老師腦子太快，你跟不上是正常的，我早就習慣了。叫你來，就是見一見這位'名人'，也希望姜老師能看看你，多教你點東西。我可是在他身上受益匪淺。"

華生心裏哪能服氣這句話，下巴微微一揚[90]，提起一口氣想要說點甚麼。戴猛卻轉頭向姜振宇道："姜老師，給小孩兒上一課吧，讓他慢慢跟進來。"

姜振宇低調一笑，說道："不敢叫上課，交流一下。"

說罷，對着通訊耳麥說道："把 4 號機和 5 號機前面 7 分鐘的視頻回傳到服務器上，我在辦公室裏回放。"

2. 360 度無死角地被剖析

三人在姜振宇辦公室裏坐定，牆上一幅 120 英寸的巨型等離子屏幕顯示着研究設備的高端。

"土豪！"華生暗道。

姜振宇打開一段視頻文件，華生眼睛瞬間就睜大了，畫面上竟然是自己，就是幾分鐘之前見面的時候，自己的一舉一動。畫面三分屏，左半屏是自己胸線以上的區域，右上是軀幹，右下是雙膝到雙腳。

姜振宇又打開一段視頻文件，華生可以看到，這是剛剛另外一

90　仰視反應，表達不服氣。

個角度的監控錄像，畫面上是戴猛和姜振宇。

戴猛探過頭來解釋道："姜老師的研究小組，平常就是這麼工作的。在這個研究室裏，每一個角度都有高清監控攝像。小組成員經常會看自己和同事們的反應，久而久之，大家都不會像你那樣有明顯的表情和動作了。你是'小鮮肉'，今天剛來，給我們娛樂一下哈！"

華生此刻，全部心思都在視頻上。

姜振宇開始播放，在該停的地方就停下來，同時慢慢悠悠地解釋起來。

"華生你看，你在聽到'小徒弟'這個詞的時候，雙側顴大肌收縮，收縮行程為 7%，雙側嘴角下移行程約 3%，上、下眼瞼幾乎沒有動作，屬抑制的微笑。"

屏幕上圍繞着華生的眼睛、瞳孔、眉毛、嘴角、嘴唇等主要器官，閃現出肌肉運動和器官位移的標尺輔助線以及測量數字。華生看到這些量化的結果後，腦袋有點發脹。表情識別軟件他用過不少，還沒見過這麼精緻的微表情分析軟件。

"接下來，你的視線轉向我，穩定停留 2.4 秒，雙側瞳孔放大，無眨眼。皺眉肌收縮行程約 10%，左眼上眼瞼因皺眉擠壓而起褶皺一條。輕微皺眉但無眼瞼閉合，且瞳孔放大，表示關注和思考。應該是在想我到底是誰。

"聽戴總説出我的名字之後，你的下巴抬起角度約為 7 度，儘管嘴唇沒有張開，但下頜骨微微下垂，雙側皺眉消失。這表示已經知道我的身份。隨後，雙眼球轉向右下方，取消和我的對視，同時揚眉＋眼瞼下垂至瞳孔邊緣，表示不以為然。看來是對我的身份不太認同。"

此時此刻，華生覺得自己的汗毛有點豎立起來。

另外一段視頻裏播放到戴猛和姜振宇相視一笑。他繼續解讀道："戴總，你和我都是抿着嘴唇笑。你雙側嘴角上揚 13%，眼瞼閉合 40%，我的嘴角上揚是 14%，眼瞼閉合也是 40%。這都是其實笑得厲害，接近 40% 愉悅，但用嘴的動作進行了抑制，一方面表示得意和心照不宣【91】，另一方面也是不便讓小孩太難堪。咱倆表情很同步啊。默契啊！"

華生在畫面上看到姜振宇問："你是不是看過一本叫做《對偽心理學說不》的書？"不由得插話道："我想知道你為甚麼問這個問題？"由於在內心還堅強地抵抗着這個電視名人偽專家，所以他刻意隱去了稱謂。

姜振宇哈哈笑了一下，解釋道："你的表情嘛！揚眉 + 眼瞼下垂，表示自我認同的同時，對面前的刺激源不感興趣，那個刺激源就是我。很明顯，眼瞼下垂表示你看不上我，雙眉上揚表示自我認同。這是特別常見的專業自豪感導致的，畢竟是心理學博士。另外，你跟我握手的時候，隨便把四個手指往我手心裏一放，並沒有用力握合的動作，這是個應付的禮節動作，也證明了你的心不在焉。"

華生臉上隱隱覺得有點發燙，被人當面扒皮的滋味真不好受。

姜振宇繼續道："一開始你不認識我，表情告訴我你在思考，説

91　這種嘴唇抿起、嘴角上揚行程小於眼瞼閉合行程的笑容，就是常言所説的 "得意笑"，是因為當事人內心得意卻又不願意把愉悦全部表露出來的自我抑制的笑容，普通人這樣笑看起來會壞壞的。真正的愉悦笑容，嘴角上揚的行程值，以及嘴唇打開的行程值，要和眼瞼閉合的行程值一致。

明你對我不熟。然後，一聽到我的名字就立刻出現這種反應，也就是說，你在對我不熟的情況下立刻出現不以為然的否定。不了解又不喜歡，只能是因為心裏有預製偏見。"

"這種預製偏見只能歸屬為群體或立場。你知道我做過電視節目，認為我是用公共媒體宣講偽科學的騙子，而自己是正經科班出身，所以才會有前面的反應。《對偽心理學說不》的作者公開講過這個觀點【92】，這個觀點得到廣大學院派同仁的大力認同，所以我猜你的預製偏見應該源自於這本書。對嗎？"

畫面裏，華生訕訕地點了點頭。畫面外，華生聽完姜振宇的解釋，也同步訕訕地點了點頭。

姜振宇看他點頭，才說道："以後不要這樣睜大眼睛、下頜張開、還連續點頭超過三次，這種驚訝到不知所措的連續微微點頭，會讓人看起來很蠢。"

話雖然很刺耳，但沒有華生自己親眼看到畫面回放中的自己更刺激。

姜振宇繼續說道："問過這個問題之後，我的單側嘴角上揚的笑，是故意的。因為我知道，你會明白這是一個輕蔑的笑。在一方已經失去優勢和控制力的時候，給出輕蔑的刺激，會迅速激發他的憤怒，這種憤怒，是用來自保的。你要自保的東西，是優越感。"

"姜老師，您怎麼看出我憤怒了，我沒有皺眉和瞪眼睛啊！"華

92　"這一情況在電子媒體上更為糟糕，電台和電視台幾乎沒有任何正規的心理學報道，相反，他們總是邀請一些江湖術士和愛出風頭的媒體名人，而這些人與真正的心理學毫無瓜葛。"《對偽心理學說不》第 209 頁。

生仔細地看着畫面裏自己的表情，只是覺得臉沉沉的，卻並沒有找到憤怒的典型表情特徵。

他以為自己隱藏得很好。他也沒有注意到，自己對姜振宇的稱謂，已經不知不覺中改成了 "姜老師" 和 "您"。

姜老師笑笑，解釋道："第一，你的其他表情消失了，一瞬間全都消失了。這本身就是一個明顯的變化，表示你消除了其他所有的情緒。這就是我們常說的認真，或者嚴肅。第二，你的視線盯着我的臉看了 1.6 秒，這短短的視線集中與其他表情消失同步出現，説明刺激源是我的輕蔑。第三，你的頸闊肌（頸部）收縮，行程接近 30%。頸闊肌收縮是動物們進行戰鬥的前奏，人類也不例外。只有憤怒情緒才是戰鬥前奏的動因。【93】"

畫面上在華生兩側耳後的頸闊肌部分進行了慢放，並顯示了輔助線和數據標明肌肉收縮的行程。

不過，出於專業出身的自尊心，華生並沒有心服口服。儘管到目前為止，對面的這個 "磚家" 一直佔有強勢地位，但並不能動搖華生對他的反感和敵意。

華生體會到了戴猛剛剛説的 "姜老師腦子太快" 是個甚麼情況。

最後，姜老師把畫面定格在戴猛説 "上一課" 之後，華生的姿態上。那個揚起下巴的畫面，讓華生感到有點窘迫。姜老師淡淡説道：

93　憤怒的表現可大可小，大的憤怒表現是非常兇猛的，不需要分析就能清晰地被識別。但是在社交活動中，很多憤怒是被社會規則所壓制的，不能通過大吼大叫和猛衝猛打來表現，甚至都不能用兇狠的目光盯着人家看。所以，憤怒的微小表情可以通過兩個指標來確定：1）視線集中在對方的眼睛上，時間長度與憤怒程度成正比。2）頸闊肌（頸部）一定程度收縮，收縮程度與憤怒程度成正比。

"以後,這個動作就不要再做了。稍加注意的話,還是可以管得好的。這個表示不服氣的動作,遇到有本事的人會顯得自己無知,遇到沒本事的人只能引發衝突,而不會解決問題。"

戴猛接口道:"除非是策略性地要故意激怒對方,對吧?"

姜老師和戴猛一唱一和地說道:"對,策略性的意思就是已經想到了一套步驟,已經有了後招,用揚下巴的動作激怒對方只是必要步驟而已。"

聽到這裏,華生不知道該不該改變自己的動作,局面有點尷尬。改吧,顯得自己太弱了;不改吧,保持這種姿態更讓人難受。現在在他的視線裏,似乎坐在對面的姜老師更像是一台計算着很多指標變化的機器,細緻入微的觀察和縝密的算法已經讓華生感到略微有些生畏。

但是,這個傢伙的一舉一動,看起來卻挺溫和,沒甚麼咄咄逼人的氣息。正想着,聽戴猛說道:"下午兩點半,姜老師去電視台錄'非常了得'。我和你一塊兒去看看,感受一下。另外,你還能見到孟非、郭德綱。"

華生終於想起來了,對對對,就是那個猜人家講的故事是真是假的節目,孟非和郭德綱一起主持,還有一個女嘉賓叫柳岩,是宿舍裏好幾個兄弟的夢中女神。

華生又抬眼看看姜振宇,沒見他有甚麼特別的表情和舉動,心裏暗道:"倒也不像那些江湖騙子似的虛頭巴腦、言之無物,怎麼偏偏去做電視節目!"

卻聽姜振宇說:"先吃飯,吃完飯一起過去。"

3. 挑釁 "磚家" 姜振宇

吃飯的時候，華生還是沒放棄，嘗試着向姜振宇挑戰一下。

華生問道："姜老師，您也看過那本書，知道他的觀點，如果一個人在發表論文前在電視和媒體上大肆宣講他的研究，基本上都是騙子。而且，現在電視上騙子也的確很多，您幹嗎要上電視節目？不怕被同行們評價為騙子嗎？"

姜振宇苦笑了一下，反問道："你現在覺得我是騙子嗎？"

看華生遲疑了兩秒鐘，他擺擺手説："沒關係，你的這個遲疑，已經説明了答案——還不確定，是吧？"

戴猛看了華生一眼，眼神裏沒有責怪，甚麼也沒有。這反倒讓華生覺得有點尷尬。

姜振宇接着説："你們讀研究生，最重要的任務和考核標準是甚麼？"

華生説："發論文。"

姜振宇説："我的研究就不是。或者説，至少目前不是。"

華生皺起眉毛歪了一下頭，表示不解，同時微微地撇撇嘴，表示不屑。

姜振宇説："我還在找實驗方法和微反應的有效形態特徵。就像研究藥物的效果，我才剛剛把小白鼠餵了藥，還沒找到清晰的結論呢，能急着去發表論文嗎？"

華生明白他在説甚麼，但他還是追問："人家別的研究所可是已經發過好幾篇'微表情'專題的論文了，你看過嗎？"

這種挑釁似的問題，對付普通騙子是常規手段，可以激發下一階段的對抗，讓騙子一氣之後急速現形。

沒想到，姜振宇點點頭，然後反問道："你都看了？感覺怎麼樣？"

華生很難回答這個問題，因為那些論文他自己在心裏也看不上。但是，多年的科學思維訓練告訴他，有論文的就是錯也是對，因為至少人家能拿出論文來供同行評議，比騙子捂着自己的所謂"秘訣"不肯被公開要好很多。

華生是對的，因為批判性思維是最重要的科學素養，而真正的科學結論也不怕被別人挑剔。有錯誤被同行挑出，才能保證優勝劣汰，讓真正有效的研究結論最終顯現出來，從而讓人類掌握的知識不斷趨近真理。但是，華生不知道的是，批判性思維首先應該是對自己的要求，然後才是對同行的要求。換句話説，發表論文的動機不能是為了發表這個形式化的流程，也不能是為了獲利，而是真的有研究成果，希望得到同行的評議和同行交流，逐漸逼近真相。發表之前，更應該先看看自己的東西有沒有價值，是不是值得發表。

華生癟了一下嘴唇，很輕微的一下【94】。

姜振宇笑笑："難怪戴總會喜歡你，水平確實不一般。普通的學生為了完成學業，論文只是個必須要走的流程，也有人用來作為優越感的標籤，不過這種人，學生比較少，教師會更多。別人的論文哪裏不好我也不便多講，那樣會顯得我很酸。對於微表情的論文，我

---

94 表達不認同。

只想問兩個問題，小兄弟你來解答一下。"

華生點頭。

姜振宇問道："第一個問題是，實驗室裏的被試，會不會有真的情緒？比如憤怒，怎麼才能讓被試真的憤怒呢？"

看華生不作聲，姜振宇停頓了一下，似乎在等他的反應。不過，華生始終沒説話。

姜振宇接着説："如果連真實的情緒都刺激不出來，那麼那些捕捉到的表情錄像和數據有甚麼用？"

華生目不轉睛地盯着他看，仍然沒有給出答案。

姜振宇也盯着他的反應，繼續問出第二個問題："無論是'微表情'還是'微反應'，之所以有個'微'字，都是因為自我抑制。當事人首先要因為刺激源產生真實的情緒，然後因為種種規則，意識到自己不能直白地表露這種情緒，於是採取自主的抑制行為。比如，想生氣不能生，想笑不能笑，本來害怕卻要表現得鎮定。只有這些掩飾行為存在，那些殘留的真實情緒才能變得'微'。如果，在實驗室裏的被試第一步真的被激怒了，那麼是甚麼動力讓他採取自我抑制的行為？掩飾行為是要有趨利避害的動機的。"

戴猛插話道："簡單地説，實驗室裏的被試來配合做實驗，第一不會真生氣；第二，一旦真生氣了，就不可能自己再壓下去。"

其實，這兩個問題華生之前也是想過的，沒想到對面這個"電視明星"也和自己想的一樣。

他並沒有認輸，而是追問道："就算實驗不合理，至少那些學者們還在努力想怎麼去做更合理的實驗，也沒有出來幹別的。論文發出來也是為了大家一起思考評判。您上電視和這個有關係嗎？"

這是很明顯的鄙視性挑釁了。姜振宇看了看戴猛，華生説不清他臉上是甚麼表情。

停頓了幾秒鐘，姜振宇看着華生的眼睛説："我並不認為那些論文發表出來是真心為討論的，很多論文是用來跑馬圈地評職稱的，國內外皆然。如果一個學者注重自己的研究，尤其是注重自己研究結論的生態效度，那麼現在刊登出來的很多論文根本就不會出來見人。連實驗研究的素材都是假情緒，甚至都無法清晰定義，這些論文寫出來真的是為了討論嗎？假設，我用玉米麵餵小白鼠吃，給一堆數據發論文説是為了研究某種抗生素的藥效，然後講'反正是給大家討論的，發出來就比沒有強'。"

講到這些話的時候，這位平常淡定的"電視明星"眼睛裏閃了一下光，音量提高，語速變快，整個身體強勢前傾了一下。

不過，這些變化只有短短的一瞬間。

華生看到了，知道那是憤怒情緒的輕微表現，當事人已經很克制了。憤怒並不一定要打人罵人，它的核心訴求是取勝。

姜振宇緩緩地調整了一下呼吸，解釋道："真搞研究，就得解決研究素材的兩個問題：甚麼人能有真實的情緒產生，產生之後還必須得壓抑着。沒有解決這兩個問題的所有研究，都是耍把戲。哈哈！"

可能是意識到自己之前的"失態"，他用了一個並不好笑的笑話試圖緩解尷尬。

華生從心底裏是認同這個觀點的，他問道："哦？您説的好像很有道理，那麼您是怎麼研究的呢？"

　　姜振宇似乎一直在等着回答這個問題，眼睛再次一亮，身體明顯趨前，説道："我做兩個極端的研究。一個極端樣本庫是刑事犯罪嫌疑人，因為他們在接受訊問的過程中是真的有情緒，但又必須掩飾自己的本意，做出各種表演和偽裝，一旦失敗就是牢獄之災。"

　　華生點點頭，表示希望繼續聽。

　　姜振宇接着説："另外一個極端樣本庫就是這個電視節目。"

　　華生心裏本來還是有一點認同他的説法，但聽到這句話，心裏的鄙視感瞬間提升，"藉口！"

　　姜振宇看到他的表情裏根本掩飾不住的輕蔑和厭惡，淡淡一笑，説道："知道你不相信，你也不是第一個。我沒有開玩笑。案件中，説謊是被規則禁止的事情；而在節目裏，説謊是個被鼓勵的事情，取勝的結果不是像嫌疑人那樣規避懲罰，而是獲得某種'榮譽'，比如'表現好'或者'聰明'等等。參加節目的人，為了在電視前有好的表現，會非常用心地設計説謊的方式和內容，甚至會研究我的分析方法。更重要的是，他們完全沒有負罪感和內心的壓力，甚至可以認為他們都是帶着挑戰的心態才來玩的。就是這兩個最基本的區別，讓我來參加節目的。"

　　戴猛看華生還在不斷地復核自己聽到的東西，一時之間反應不過來，就代姜老師説："兩者的區別在於：動機方面，一個避害，一個趨利；心態方面，一個被迫無奈壓力巨大，一個積極主動挑釁張揚。"

　　姜振宇點頭道："是的。我的小組把這兩個極端樣本庫分別稱為

'黑極端'和'白極端'。罪案是黑色極端,能夠研究人在最緊張的情況、最嚴密的掩飾之下所流露出來的'微反應';節目是白色極端,能夠研究人在沒有壓力的情況下,又做好了最充分準備後,所能流露出來的'微反應'。兩個樣本庫的反應形態一定都非常微小,因為他們都希望做到最好的掩飾。而這兩個研究情境,國內外還沒有見到文獻記載。"

戴猛接口道:"所以,姜老師就是全球微反應研究第一人。"說完,拍着姜振宇的肩膀哈哈大笑。

姜振宇也哈哈笑起來:"戴總,你少來!這種江湖稱號有甚麼好爭的,誰愛當第一就讓他當去,這跟搶着發論文跑馬圈地一樣,都是爭名奪利的事。我只是一名普通的科研工作者,排第幾無所謂。但是,如果黑極端和白極端都讓我研究明白了,嘿嘿,那麼中間的其他反應破解起來就輕而易舉了。說到底,我更關心研究出來的東西效度高不高。"

華生總覺得,就這麼被說服了是一件讓人不服氣的事情。但是,一時之間卻又挑不出甚麼毛病來。

其實,就像別人越是說"不要去想粉色的大象",你就越逃不開一定會去想一樣,有"就這麼被說服了是一件讓人不服氣的事情"的想法,是因為自己已經開始有可能被說服了。

人的思維,真的是特別有意思。

吃完飯到了電視台,看着姜振宇開始做髮型、化妝、換衣服、準備粉墨登場的時候,華生很糾結。實在無法想像面前的這個人究竟是甚麼心態,這樣的藝人模式和剛才那個淡定的學者模式,怎麼也很難想像會融合到一個人身上。

　　節目錄製開始了。現場很熱鬧，尤其是孟非和郭德綱出場的時候，聲浪特別震撼。這個時候，姜振宇和柳岩早就已經坐在他們的 "專家" 席上了。

第9章

並肩戰鬥

一開場就熱鬧非凡。

郭德綱和孟非果然是經歷過大世面的人，語言行雲流水，動作一板一眼又流暢自然，顯然久經歷練。

華生第一次見到這種大名人，心裏稍微有點騷動。騷動之處並不在追星，而是不由自主地想，這倆人要用微反應分析起來恐怕挺費勁，他們外面的那層殼應該會很厚，跟測試學校裏那群學生相比，恐怕差別很大。想到這裏，不由自主地朝着姜振宇的方向看了一眼。

第一眼看到的，卻是柳岩。這位對他來說姐姐級的知名女藝人，明媚照人，跟坐在台下的粉絲們互動起來，引起一陣一陣的熱鬧騷動。

姜振宇則安靜地坐在那裏，在筆記本上寫着甚麼。

華生試着想了一下，如果是自己面對面測試柳岩，心跳而緊張的，恐怕是自己。想到這裏，他再次忍不住看了一眼姜振宇，稍微有點明白他之前強調的"見真人"了。不同的被試，不同的經歷經驗，用不同的自我抑制和社交表現來掩飾情緒，包括甚麼東西能讓他們產生情緒，這些微反應的基本問題，還真不是實驗室能找到的。

但是，華生想，不發表論文就是不對的，這是科學範式，不容置疑和打破。如果有可能，怎麼把這些真實的、不同心態的人的微反應研究寫成符合規範的論文，然後發表出來，這才是正道。

1. "我是個女詩人"

節目開始了。

第一個表述者説自己是個女詩人。

華生在觀眾席裏看着，覺得這姑娘特別逗，讀起詩來拿腔拿調，就像過去的書生一樣。該抒情的時候，會手臂一展、下巴一抬，然後用"啊"、"呀"等感歎詞感歎一句，浮誇得緊。

華生扭過頭去想找戴猛耳語，卻發現戴猛竟然和姜振宇一樣，也拿了個小本子記筆記。

更搞笑的情節來了，女詩人應要求要給郭德綱現場作詩。在華生看來，這是電視台常用的橋段。但是，女詩人卻放慢了速度，一邊思考一邊斟酌着往外斷句吐字。華生覺得，這個不像是她之前的表演風格那麼誇張。按常識，這種橋段都會有提前準備，尤其是這個節目播了這麼多期，選手和編導們都會比較認真地做事前培訓，選手現場發揮的可能性不大啊！那這種邊想邊説的謹慎表演風格，和之前誇張的聲情並茂的風格，差異很大。奇怪！

選手拿不定主意，要請教觀察團了。

柳岩發問的當口，華生跟戴猛交流："戴總，您覺得這是真的假的？"

戴猛合上筆記本，反問道："你覺得呢？"

華生答道："我是這麼想的。如果是真的詩人，那麼前面唸詩的時候，太像話劇演員，而不是詩人，腔調拿捏得過分了。但後來給郭作詩又顯得底氣不足，沒有詩人應該有的自豪和掌控。這條思路是有破綻的。如果不是詩人，那麼偽裝成大氣磅礴的樣子就可以成立了，給郭作詩的時候，表現出的現場組織語言缺乏詩詞功力也成立。不過，如果這個橋段是提前安排好的，不應該這麼費力，我覺得有故意表現得吃力的嫌疑。這兩條思路，後者的邏輯更通順。假的，演得太假。"

戴猛只問了一句話："你分析的都是她自己表現出來的東西？刺激源呢？反應和刺激源的關聯呢？"

說不清戴猛臉上是甚麼表情，有輕蔑、有失望，也有調侃的笑。

華生很想爭辯："讓她唸詩不是刺激源嗎？讓她現場給郭作詩不是刺激源嗎？"但立刻就知道自己的想法有問題，這都是"之前準備好的"，都有表演痕跡，不能算應激反應。

一時之間，華生竟然語塞。

這時正好輪到姜振宇提問題。他加問了兩個問題，第一個是一道邏輯題："請問，如果 A ＞ B，B ＜ C，C ＜ D，那麼誰是最小的。"

華生聽完題，就立刻觀察那個女生。她重複了一遍題目進行確認後，說"等我一下"，然後用手指在自己的小桌子上寫寫畫畫，過了許久，才嘗試着回答說："是 B。"沒有興奮，沒有回答對之後的輕鬆得意，有點像小學生回答完問題，等待老師判斷對錯。"而且，這反應時間也太長了吧。"華生想。

第二個問題是"你最理想的婚禮是甚麼樣的？"女子想了一下，像之前唸詩那樣，字字清晰拿捏地講："不要豪華但一定浪漫；我的新郎一定不要胖，但也不要瘦；他一定是外剛內柔的男人。"回答的腔調仍然是那麼"撐着"，但卻沒有眉飛色舞，這一點和之前唸詩的時候不一樣。

姜振宇給出分析和判斷說："她表現出了兩種極端的風格。第一種是唸詩的時候，咬文嚼字的風格極其明顯，甚至有點引經據典掉書袋的樣子，表情和肢體動作所表現出來的樣子是非常享受讀詩的過程。"

華生不禁心想，"我也看出來了。"戴猛卻在筆記上勾掉了一片文字。

姜振宇繼續說："第二種極端風格是認真，包括現場給郭老師作詩，以及講理想婚禮的時候。可以看得出來，她非常認真地在思考。沒有那麼誇張的表現和腔調。"

華生跟進："我也想到了。"戴猛繼續勾掉一片文字。

姜振宇最後說："這兩種風格出現在普通人身上，有的時候拿捏，有的時候投入，有很大表演的可能。但是，如果她是詩人，這個極端差異就合理。所以，我問了一道邏輯題。"

孟非適時插話道："你的意思是，詩人都不太講邏輯？"

姜振宇點頭道："這是一個原因，另外一個就看她如何對待這道題。如果是表演而來，做題的時候會搶着答，怕別人因為這個題答得不好而給自己減分。但她沒有，她仔細想，還配合手指的寫畫，嘗試着回答。這樣一來，一是邏輯費力，二是對這道題不擔心，沒有對抗。所以，我判斷是真的。"

華生立刻明白了姜振宇的意思。他也是做出了兩種思路的備案，如果她是真的，以及如果她是假的。所不同之處在於，他沒有一味地挑毛病，而是也會承認梳理得通的邏輯假設。

儘管角度很詭異，但推導過程的邏輯成立，等結果……

果然，那女孩是真的，證據顯示，她剛剛出版了一本自己的詩集。

2."我開了一家失戀儲物館"

第二個表述者是個留着小辮子和小鬍子的年輕男子。他說,他開了一家失戀儲物館。

這個男生的表述風格和前面那個女詩人完全不同。他始終一副玩世不恭的樣子,回答問題的時候,態度甚為不屑,根本就不在乎挑戰者是不是聽懂了。

乍一聽這道題,再一看這個人,怎麼也不會往真的方向想。

華生看到,姜振宇和戴猛都在記筆記。他剛吃過虧,就不敢大意了,轉身從柳岩那裏借了張紙,也開始記筆記。柳岩看了一眼這個學生模樣的人,又轉頭看了看坐在身邊的姜振宇,搖搖頭笑了笑。

這個嘉賓最大的特點是不情願、不在乎。不管回答甚麼問題,都會先一睜眼,表示好像沒聽懂或者沒想到,然後搖搖頭,表示好像很無奈,最後再一笑,再回答提問者的問題,感覺很不情願的樣子。

華生可以確定,這種表現是鬆弛的,即使是在演戲,也是鬆弛心態下的表演。現在需要確定的是,這種表現出來的不情願和不在乎,是不是一種掩飾的策略。

表現得有性格和玩世不恭是特別常用的一種掩飾策略,不僅僅是在節目裏,更是在生活裏。

實際上,表現出有性格和玩世不恭的年輕人,更多的是希望引起人們的關注,但卻自覺沒甚麼東西可以拿出來正常共享。

但是,從他的小鬍子和小辮子來看,這種玩世不恭的非主流勁兒,又有可能是真的。

　　隨着挑戰者的問題越來越多，尤其是質疑性的問題越來越多，華生已經開始用剛才姜振宇的兩條假設線來嘗試分析結論了。他更傾向於，這種玩世不恭的表現是真實的，不是表演。因為，問題越多，他的反抗卻越小了。

　　演戲的才會較真，真不在乎的就不在乎輸贏。

　　姜振宇這次給出了一樣的判斷。他的主要判斷依據是，在挑戰者問"你的儲物館裏東西多不多"的時候，對方出現了非常經典的瞇眼＋撇嘴，也就是上嘴唇上提，這是完美的厭惡表情，是嫌棄。在受到質疑的時候出現厭惡情緒，只有當事人才能產生這種反應。

　　厭惡情緒的本質是"自上而下的否定"，一方面有自己覺得的優勢，一方面否定對方。按照這個邏輯，只有館主才會這麼保護自己的尊嚴。

　　揭露答案的時候，證明兩個人都判斷對了。

　　華生和姜振宇對視的時候，姜振宇對他微微笑了一下，他覺得自己似乎也笑了一下。

　　這一笑，他知道了兩件事情，一是姜振宇看到自己的表情，知道自己也分析對了；二是自己的笑，來自於共情。共情是人類內部非常偉大的力量。

3. "我的 300 條牛仔褲從來不洗"

　　第三個表述者是個 90 後的帥氣男生，個子很高，眉目清秀。他說："我的 300 條牛仔褲從來不洗"。

　　姜振宇已經連續分析對了 2 道題，華生看他時，他擦了擦手上的汗，看起來有點緊張。

　　而華生自己，卻是一錯一對。對待這種極盡所能進行表演的説謊，華生之前所積累的知識體系大半用不上。他特別強烈地感覺到，如果對手有準備的話，那麼分辨謊言的過程中能問出一個好問題非常重要，或者找到一個非常好的表情背後的邏輯，也會起到非常重要的作用。

　　這次來挑戰的選手，已經換成了一個廣東來的小女孩。小女孩先是問了很多男孩的基本情況，男孩也很老實地回答。一個漂亮一個帥，孟和郭兩位老人家就開始攛掇和攪和，把倆人往一塊兒説，甚麼郎情妾意之類的東西都全出來了。

　　這一來，現場瞬間就熱鬧起來了，似乎觀眾們天生就對這種男女配對的事情特別感興趣，極其愛起起閧。

　　這一來，華生、戴猛和姜振宇三個人面面相覷，因為這些被擾亂的狀態，已經對分析判斷沒有任何幫助了。

　　耽誤了好半天，女孩終於問到了最關鍵的問題：“你的牛仔褲為甚麼不洗呢？”

　　男孩非常認真地開始回答：“我想告訴大家……”

　　還沒講完，郭就大喊一聲：“別攔着我！”看起來當紅娘撮合好事被打斷之後頗不甘心。大家又笑作一片。

　　男孩非常執着地解釋着：“……牛仔褲別人要洗，我也不會讓他洗，因為不能常洗，半年到一年才能洗一次。”講的時候磕磕絆絆的，艱難地把這個最重要的“核心信息”講完了。但是因為郭剛才那一搗亂，把男孩最初的反應，包括所有表情和動作都廢了，沒有一個可以用來分析。

好在姑娘又問了一個特別好的問題："你有這麼多牛仔褲，你為甚麼不穿來？"

男孩非常流暢地回答道："因為那些都是我的寶貝。我捨不得穿。"

女孩追問："你從來不穿？"

男生回答："我有收藏癖，只是在家裏面穿。"

華生聽完這段問答，覺得男孩有問題，既然是超愛，還收集了300 條，怎麼可能只在家裏穿？邏輯上不成立啊。不過，經歷過前面的兩道題，他感覺到常識的邏輯不能在每一個人身上生效應驗，只能輔助判斷，決不能因為邏輯的不合常理而立刻做出決斷。

女生順着這個話題問："既然你説你超愛牛仔褲，那你給我們講點專業的知識吧。"

這一個問題結束後，男孩微微頷首，歪着嘴笑了笑，壞壞的，有點小輕蔑。他胸有成竹地講："牛仔褲是需要養的，不能常洗，最多拿出來晾一下。因為牛仔褲所經歷的一切，都是一種美好的變化。比如，你看觀眾裏的那條牛仔褲，上面的褶皺我們叫做貓鬚。但是，那個觀眾的貓鬚是假的，是出廠的時候就壓製好的，沒有價值。真正的貓鬚是穿出來的，長期彎折、蹲起，用身體慢慢壓成的，那樣的貓鬚非常漂亮，也代表了牛仔褲的一生經歷。"

這一段回答，駕輕就熟，臉上有着很明顯的炫耀表情和得意表情。

華生仔細想了一下，發現很難判斷這種得意背後的真假。因為如果是準備好的背詞，也會得意，大概的心情就是"哈哈，我就知道你會問這個問題，早就準備好了"；如果是確實愛好牛仔褲，出於對這種優越性（有的多、懂的多）的得意也是合情合理的。

不好判斷。

姜振宇捂着下巴在思考，眉毛皺得挺深。顯然，他也覺得很難。

選手決定參考專家組的意見。

姜振宇先說。他一開口，就說："我要問三個問題。"

柳岩在旁邊輕蔑地擺了下手，大概的意思是："這麼簡單的題也要費這麼大勁兒，切！"

不知道姜振宇看沒看到這個鄙視，他只是問道："養牛仔褲最享受的是甚麼？"

男孩答："看到它們在我身上起變化。"

姜振宇繼續問："路邊攤的牛仔褲和名貴牛仔褲有同質變化嗎？"

男孩答："區別不大，路邊攤的牛仔褲設計感欠缺，但有獨特的街頭風。"

姜振宇的表情沒有變化，看來沒有找到破綻。

又聽他問："你家裏有多大空間用來存放牛仔褲？"

男孩答："23 平方米。"非常流暢。

"這個數字的具體化回答，是沒有問題的。因為房間的面積是清晰而具體的數字，而且 20 多平方米專門用來儲存牛仔褲，也是一個值得驕傲的數字，很有可能不是第一次說。"華生心想。

姜振宇最後結論道：“我判斷他是真的，因為沒有找到破綻，應激反應都很正常。‘沒有破綻不懷疑’是我們的判斷準則。”

輪到柳岩判斷的時候，她卻直接給了假的答案。

她解釋道：“雖然這個男生關於牛仔褲的基本常識都知道，但是……”她指了指自己，繼續說道：“專業的在這裏。最簡單的理由是，專業的牛仔褲愛好者絕不會穿迷彩褲上台。不過，我也學姜老師問你個問題，這樣看起來我不是瞎猜的。請問，如果牛仔褲一不小心弄到了髒東西，怎麼處理？”

男生有點慌，因為音量略微小了些：“我有兩種處理方法，依據弄髒的程度而定。如果弄髒得很厲害，那麼我就在上面創作繪畫；如果不厲害，就用清洗劑清洗……”

話還沒說完，柳岩就哈哈笑了出來：“錯！你肯定是假的。因為不管哪種髒，都不會清洗，每一種變化對於真愛牛仔褲的人來講，都是美好的體驗。”

華生和戴猛面面相覷，就連戴猛這樣的人也不知道這種“常識”。可能，這種東西只在小年輕的時尚人群中流行吧。

如果能有這樣“完全專業”或者“更專業”的內容作為刺激源，那麼甚麼謊話都能破。但是，如果不知道，那麼編謊話的人就佔了很大的優勢了。

看到男生此時此刻的窘態，姜振宇也知道了結果。他握緊拳頭，這應該是表達了某種不服或者努力的意願，通常出現在自我調節心態，也就是輸了之後給自己鼓勁兒的時候。

結果出來了，男孩是假的。

　　姜振宇在台上記筆記，臉紅沒紅看不清楚，因為燈光可能影響了色彩。

　　華生在想的是，第一個錯誤出來了，他心裏甚麼感受？緊不緊張？因為將來宿舍裏的同學看到這段的時候，肯定會罵他！

　　連續三道題之後，因為親自參與了這個對錯的判斷，並且有和姜振宇比一比的心態，華生還深深記得判斷錯誤之後的一身冷汗。

　　這道題，華生沒有判斷。他現在只記得，姜振宇 2 對 1 錯，正確率瞬間從 100% 降到 66.7%。這就是統計結果的有趣之處。

　　孟非此時"趁熱打鐵"地發問道："我們採訪一下姜老師，此刻有甚麼感受。"老郭在旁邊嘿嘿壞笑。全場觀眾都把目光注視向姜振宇。

　　華生有點緊張，替姜振宇緊張。

　　姜振宇先是咧嘴笑了一下，然後豎起大拇指說："沒辦法，輸得心服口服。一是選手準備精良，很多內容熟稔於胸，反應不大；二是我不懂年輕人的知識，問不出好問題。不過，科學是允許犯錯誤的，輸一次長進大，甚至大過對十次。"說這話的時候，他看起來笑得有點勉強。看來，畢竟是輸了，他沒法完全不在意這個結果。

　　如果在原來，華生聽到"科學是允許犯錯誤的"這句話，會直接聯想到"厚臉皮"、"藉口"之類的詞彙，但這次沒有。不知道宿舍的同學到時候會不會這麼說。

　　觀眾們笑了，孟、郭和柳岩都笑了，柳岩說："姜老師自從做了這個節目之後，臉皮就變得越來越厚了。"孟接荏："對對對，我記得之前錯了還有意願要剖腹以謝天下……"郭收尾道："現在連臉都不紅了。"

姜振宇跟着哈哈大笑。

遊戲還得繼續。

4. "我為解救蝦災，空降雲南吃龍蝦"

接下來的表述者説："我為解救蝦災，空降雲南吃龍蝦。"

講述的姑娘，是那種特別活潑的人，願意多説話，願意説好玩的話。這種人不好判斷，因為花樣多未必是説謊的特點，但干擾肯定多，分析她的思路時常常會被誤導。

比如，她會説："當我們得知當地因為小龍蝦氾濫，要用農藥來實施滅絕計劃之後，就忍不住吃貨的憐憫之心了。那麼多小寶寶就要被毒死了，怎麼能不讓人心疼，因為只有我們的胃才是牠們温暖的家啊！"

郭都被逗得不行了，插話道："姑娘你再確認一下，哪種死亡對蝦來説更仁慈一些。"

姑娘堅持道："當然是被我們吃掉才是牠們的正常死亡！這是牠們存在於地球的生命意義啊，和我們人的正常死亡是不一樣的。"

選手也笑得不行了，艱難地繼續問細節問題："你們怎麼會坐飛機去吃龍蝦呢？機票多貴啊！"姑娘回答道："我們是網上認識的，大家愛好相同，一共去了 50 多人呢！"

選手問："怎麼吃的呢？"

姑娘認真答："就在田邊搭了灶台，現捉現吃。我們在那一共待了三天，總計吃了上萬隻得有了吧。"

選手經過一番計算之後，發現每人要吃 200 多隻，分到三天裏就每天 70 隻，然後就覺得不合理了。

不過，因為選手說這些都是概數，沒有具體數過，可能出入比較大。選手決定求助專家。

姜振宇還是認真地問問題，他說這種坐飛機去吃小龍蝦的事，非吃貨不能做得出來，所以要判斷這姑娘是不是吃貨。

坐在華生身邊的觀眾脫口而出："誰會從大連坐飛機去雲南吃龍蝦啊！這麼常識性的問題一看就知道是假的，這個姓姜的還要假模假式地問問題，真是我見過的最裝的專家了！"

華生實在沒忍住，扭頭跟他說："你不看報也沒有手機吧，這個新聞最近很熱的。自己想辦法查一下，事情有，只看這人是不是真的。"說完，也沒管對方甚麼反應，繼續聽姜振宇問問題。

姜振宇問："你最不愛吃甚麼？"

姑娘答："臭豆腐。"

繼續問："那麼最愛吃甚麼？"

姑娘答："海鮮。"

繼續問："小龍蝦的話，你們那天都做了甚麼口味來吃？"

姑娘若有所思地邊回憶邊回答，速度有點慢："清水煮的、油燜的、紅燒的、乾煸的、麻辣的。"

問完這三個問題，姜振宇低頭在筆記上寫寫畫畫，似乎是在整理思路。

柳岩直接給答案道："真正的吃貨最欣賞食材，而真正新鮮的食

材，都是用刺身、水煮等簡單方法來吃，這樣才能吃到鮮味。喜歡
重口味的都不是吃貨，所以你是假的。"

輪到姜振宇給結論了，華生不由得關注起來。

姜振宇說："我看到了幾個現象。首先，當她講到'被農藥毒死'
的時候，手從腹部向上移動，扶了一下胃部。這應該是自然關聯，而
不是刻意表演。這一點加分。剛才，在柳岩說起食材的高端觀點時，
她也沒有像通常的表演者那樣極力反駁，很平靜，這一點也加分。
而且她說的四種重口味，就是普通人覺得刺激、好吃的味道，也是
廣大普通吃貨喜聞樂見的味道，不能減分。"

孟非插話道："姜兄，但是，你沒有覺得在田邊架起灶台，然後
分別烹製這麼多口味來吃龍蝦，再加上這些不太常見的做法，太像
瞎編的嗎？柳岩，你吃過乾煸小龍蝦嗎？"

柳岩搖頭。

姜振宇堅持道："我也沒吃過乾煸的和油燜的。但是，孟老師，
上一個牛仔褲的選手可以證明，我們來進行表述的人，都準備精良。
她肯定會提前準備口味的常規問題，這麼精心的準備下，還能說出
乾煸和油燜這些不靠譜的做法，只能說明這是真的啊。因為如果是
編的，必須選擇清水或者麻辣之類的常見做法，不能引起別人懷疑
啊！"

華生覺得不對，因為小姑娘在講的時候是緩慢的，邊想邊講，不
像提前準備好的。這個想，既可以理解為回憶，也可以理解為現場
瞎編。雖然選手們準備比較充分，但確定她一定準備過口味的問題，
是姜振宇武斷了。

最後，柳岩認為是假的，姜振宇認為是真的。

而答案，是——假的。

現場一下子鬧起來了。姜振宇又成了全場的焦點，大家都在笑。

他的數據，此刻變成了 50%。這個數據如果出現在論文裏，就是一個垃圾數據。因為用技術分析才能對一半的話，就說明技術分析和瞎猜一樣，沒有任何優勢。

華生覺得很彆扭。他知道，姜振宇的思路裏，加入了更多判斷因素，按照同一個準備精良的水準來衡量，是因為想得太多了而錯。的確，有的選手準備精良，有的選手就真敢不顧合理性現場胡說，這樣不同的表述風格，沒法用相同的準則來判斷。

別人都笑得很開心，姜振宇沒有笑。倒也沒有看到沮喪或者其他表情，但他嘴唇抿得緊了。

華生也感覺到，後背上好像有壓力。戴猛衝他擺擺手，輕聲說道：“你太緊張了。姜老師的量不會這麼淺，放心。你看，他已經在準備下一道題了。輸贏，不是他的追求。”

華生說：“但沒有人會希望被別人看不起。”

戴猛說：“能因為這些判斷結果看不起他的，基本上都沒動腦子，他們的意見不重要。”

華生聽到這話，突然一下子釋然了。

5. “你可以買走我的臉”

最後來挑戰的選手，是一位女刑警。她挑的題目是“你可以買走我的臉"。

這個高挑的東北女孩説起故事來的時候，不濃不淡、不溫不火，把通過在自己臉上畫油彩來營銷廣告的故事講得很清楚。

警官開始發問："你自己註冊的公司的營業執照，上面寫的註冊地址是甚麼？"

姑娘愣了一下，但很快就説出了一個地址，只是自主修正了三次才説完。

華生在戴猛耳邊輕聲説道："對於不是特意背下來的文本信息，尤其是公司的註冊地址，講不清楚算在正常範圍之內。修正未必代表緊張，也可以代表努力取信。對嗎，老大？"

戴猛給了他一個大拇指，點頭道："進步不小。"

警官問第二個問題："那麼營業執照裏寫的經營許可範圍呢？"

姑娘一邊要求重複問題，一邊嘗試着回答，但卻只説出了"廣告"一個詞，其他的都説不出來。她試圖解釋執照是委託代辦的等等原因，但警官給的壓力很大，只允許她説指定的問題。

戴猛回過頭來和華生對了個眼神，倆人都覺得，這樣就假得有點明顯了。

姑娘最後決斷説："我真是不記得了，沒有特意背過。"

警官一下子有點拿不準主意了，她望向姜振宇。

姜説："到目前為止，記不清明顯，但努力也很明顯。不能確定是沒準備還是真沒記住，也不能確定是因為想表現完美而着急，還是想讓你相信她而着急。所以，目前還不能確定。您的問題很好，再換個角度。"同時給出一個大拇指，表示鼓勵認同。

警官點點頭，轉過身來繼續發問：“你做過的活動中，人最多的一次大概有多少人啊？”

姑娘在思考，很認真的思考。

華生悄悄跟戴猛說：“要是能知道她現在在回憶，還是在瞎編，就搞定了。”

戴猛點點頭，認同道：“是的。可惜沒有這樣的公式，那個著名的‘眼睛向左表示回憶，眼睛向右表示編造’是假標準，早就被證偽了。”

姑娘回答了一個數字。

警官繼續問：“那麼搞活動之前，有沒有跟警察機關提出申請？”

華生這才明白剛才人數問題的意義所在，那只是一個引子，為的是看看姑娘知不知道怎麼向警察機關申請舉辦大型公眾活動。

沒想到，姑娘很聰明，平靜地解釋說：“我們要做的部分，只是負責正常活動中的品牌展示環節，相當於一個節目。整個活動的申請不是由我來負責的，商家自己負責。”

戴猛在華生耳邊說：“這個回答，說明姑娘明白了警官提問的邏輯思路。就像下棋一樣，如果對手猜到你的後面三招佈局，基本上這個局面就不利了。”

孟突然想起了甚麼，插話問道：“那麼你在用這麼特別的方式做廣告的時候，聽到過別人最難聽的評價是甚麼？”

有兩秒鐘，姑娘沒說話，然後眼圈紅了，她說：“我覺得我憑自己的勞動來掙錢，而且還算有創意，這樣挺好的。但是會有人說得很難聽，‘甚麼玩意兒啊，太難看了’。聽到這個，我特別想跟他們爭辯，後來自己忍住了，勸自己不跟他們計較。"

　　現場觀眾看到小姑娘越來越委屈，但仍然堅強地忍住沒哭，都安靜了下來。

　　華生也覺得，這個悲傷裏面，眉頭的蹙起和眼瞼的閉合，包括呼吸的痙攣，都齊全了，不太像假的。

　　但是，警官卻轉過身來，對着姜振宇笑了笑，說道："姜老師，你也看到了對不對？"

　　姜振宇也是同樣的笑容，說道："那個鬆弛，對吧？我也注意到了。"

　　倆人的對話，讓華生有點蒙，他沒看到甚麼鬆弛。

　　警官解釋道："她剛剛在聽題的時候，全身緊繃，如臨大敵。但孟老師題目話音一落，她就有一個明顯的鬆弛，全身都微微下垂了幾厘米。這個緊張到鬆弛的變化，只能理解為認為題目簡單，有把握。但後來的委屈和哭，卻和輕鬆完全矛盾。所以，這是一個很大的破綻。"

　　姜振宇豎起大拇指，並高高舉起，表示贊同。

　　然後，他補充道："而且，即使是悲傷情緒的表現，也有破綻。"

　　這一句話，讓華生非常吃驚。他轉頭看戴猛，戴猛也正好轉過頭來看他，輕輕地搖了搖頭，表示自己也沒看出悲傷的破綻在哪裏。

　　聽姜振宇講："她的整個悲傷很不錯，但有一個咬下嘴唇的克制動作。這個動作通常表達了當事人內心的不屈服和努力，是常見的悲傷伴生動作。"

　　孟問："你解釋的不正好說明她沒有問題嗎？"

姜振宇說："但是，這個咬嘴唇的動作，卻出現在所有回答結束之後。如果，這個動作出現在'特別想爭辯'，甚至是'忍住了'的同步，都可以解釋得通。但所有回答完畢之後，這個動作就顯得非常突兀，從而使得它多了一個可能的原因……"說到這裏，他看了一眼女警官。

警官接下去說道："另外一種可能是，她對自己的回答是不是能讓人相信憋着股勁兒，等着被評判。而悲傷的人，是不會鼓起勁兒等着聽別人是不是相信的。"

姜振宇再次豎起大拇指，兩個人的默契讓華生妒忌。

所以，女警官做出了判斷，這個姑娘的表述是假的。

事實證明，他們對了。

華生看到，姜振宇非常少見地竟然從座位上跳起來，高高舉起拳頭，用力地晃動着。

節目收尾，孟和郭邀請姜振宇也走到舞台中央，共同慶祝女警官獲得大獎。兩個人用力地擁抱在一起，分開的時候，姜振宇的眼睛竟然濕了。他連忙用手擦拭掉眼淚，盡力控制着自己的抽噎呼吸，解釋道："我從來沒有在這個舞台上這麼失態。但是，不得不承認，當我看到警官上來的時候，共同的榮譽感讓我變得非常緊張。而且，我前面剛剛錯了兩道題，生怕自己的判斷影響了她。這個題目的勝敗，對我來說不重要，但我會緊張，我希望她能贏。現在拿到了大獎，對我來說就鬆了一口氣，那種並肩戰鬥獲勝的感覺，讓我失態了。對不起！"說完，眼淚沒能控制住，再一次湧出眼眶。

女警官的眼圈也紅了。

　　華生的眼圈也有點紅，他的感覺很複雜。經過今天的全程跟隨判斷，他發現在現場的實況感受和在屏幕前是不一樣的，尤其是犯錯誤的時候，根本沒有辦法絲毫不為所動地繼續理性判斷。越往後，判斷的穩定性越容易受到前面的影響。

　　對於姜振宇而言，今天的數字並不漂亮，只有 60% 的正確率。但是華生現在覺得，這種數字其實毫無意義，一個判斷結果的變化，就會影響幾十個百分點。在兩個正確、兩個錯誤的大起大落之後，仍然能夠做出細緻的觀察和冷靜的判斷，這份淡定就很了不起。

　　正如同郭說的那樣："誰都有人罵，做主持人有人罵，説相聲有人罵，做專家也有人罵。人生就是大量捱罵，偶爾閒下來罵罵別人的過程。"有沒有被罵不重要，被誰罵才是重要的事情。不走心的罵無所謂，走心的罵是改進的動力。

　　看得出來，姜振宇因為女警官的到來，在意了。他還是能夠在第五道題的時候保持冷靜和細緻的，技術上的分析沒有受前面兩個錯誤的影響。但是，最後他對這個結果在意了。從這一點來説，他還是個性情中人。

　　華生覺得，以後見面的時候，可以叫他"姜老師"了。

　　從 2011 年 6 月 8 日開播，到 2014 年 4 月 2 日最後一次四個人一起站在這個節目的舞台上，超過 1000 個真假身份，歷練了用微反應判別謊言的方法。姜老師共發言 394 題，正確 310 題，錯 84 題，正確率為 78.6%。

第10章

高峰對決：演員和官員

1. 拍攝現場的精湛表演

週末，戴猛電話叫上華生："我帶你去看拍戲。"

華生自從認識了姜振宇之後，就接受了"看真人、看真事"的研究方法。但是，看的東西越多，疑問越多，一度很痛苦。戴猛又一次安慰他："你要相信，痛苦之後會更上一層樓。那些沒有機會體驗這種痛苦的人，永遠也不會比你懂得多。"

難得被戴猛叫上參加活動，還是看拍戲這樣有趣的事，華生很感興趣，問道："甚麼戲？"

戴猛答："老戲骨寧靜靜的新片拍攝。"

華生對這個名字都不熟，順口應道："可是，我對他們不感興趣啊，現在流行的都是韓國的李高高之類的，那大長腿！"

戴猛聽出來他在開玩笑，笑道："又不是讓你去看美女帥哥！你不是問過我——表演到底能不能對抗微反應分析嗎？今天帶你去看看老戲骨的演出，學習一下。"

二人驅車來到位於郊區的片場。

當天拍攝的是室內苦情內心戲。屋子富麗堂皇，即使遍地是器材、燈光、軌道和機器，也仍然顯得寬敞；屋內的裝飾都是民國風範，細膩而精緻，絲毫不像有些電視劇那樣粗製濫造，就連工作人員也穿着整齊，精神面貌積極愉悅，即使是負責拉線的小工。每一個人都匆匆忙忙，但一切又顯得井然有序。這些井井有條的背後，是雄厚的資金和規範的管理，也就是說，這部劇屬於傳說中的用心大製作。

　　二人到達的時候，導演正在給寧靜靜說戲，見到戴猛來了，停下手邊的活兒，帶寧靜靜過來寒暄。這是華生第一次見到"活的"大牌明星，雖然之前說不服氣的話，但一見到真人，立刻被其強大的氣場所折服，所有的行為都變得拘謹而禮貌。

　　戴猛似乎頗受尊重，就連寧靜靜這樣的大牌，也看得出來是真高興，而非客套。

　　真高興的時候，除了笑容標準之外，身體的動作也會加快，變得敏捷而鬆弛，幅度也不受拘束。沒有約束的話，愉悅情緒會影響全身的興奮程度，而不單單會引發笑容。

　　戴猛示意導演繼續，自己領着華生坐到一旁不妨礙人的角落，安靜地觀察。

　　導演用非常誇張的身體動作和走位，配合着充滿情緒的語言聲調，先是給寧靜靜示範了一遍這場戲的過程，然後強調說："這場戲沒有台詞，就是一個特寫的流淚鏡頭，要把你心裏面的委屈、怨恨、堅忍和大度混雜在一起表現出來，要讓觀眾覺得你心裏其實是不捨得，但為了大義必須忍痛包容，要讓觀眾心疼你，要看得他們也糾結。明白嗎？"

　　華生暗暗咂舌，心說："這麼多情緒複合在一起，要用一個鏡頭表達，沒有語言，怎麼可能？"

　　寧靜靜閉上眼睛想了一會兒，抬頭對導演說："給我兩分鐘時間，我們試試看，一條不成再來一條，最多就兩條。"

　　導演沒說話，拍拍她的肩膀，豎起大拇指。隨後，大聲對在場所有的人喊道："清場！各部門準備。"

現場瞬間一片安靜，原本走動的人也都停下來，並盡可能蹲低以免妨礙別人或者穿幫。化妝師急得直向導演打手勢，意思是還差一個髮飾。導演也用手勢命令快點，還一臉的埋怨。

儘管化妝師快手快腳地把髮飾輕輕別在寧靜靜的頭髮上，但還是讓沉思醞釀情緒的寧靜靜睜開眼瞪了一下，隨後再繼續進入沉思狀態。化妝師知道是自己的不是，訕訕地退下。

過了大概 5 分鐘，寧靜靜睜開眼睛，示意可以開始了。配合的背影演員到位，隨着導演的一聲令下，機器開始轉動。

只見寧靜靜睜大眼睛注視着背影演員，雙眸輕微地快速閃動幾下之後，眉頭又在 1 秒鐘之內囚起、放平地輕微抖動了兩個回合，此時眼眶已經濕潤。她緩緩上前一步，緩緩擁抱住背影演員，把臉貼在對方肩頭，一邊緩緩加力抱緊，一邊把留給攝像機的一隻眼睛茫然望向前方，這隻眼睛的眼角滑落了一顆晶瑩的淚珠，嘴角的抿起抽搐幾乎微不可見。

這空白的 10 秒鐘，在所有人，尤其是在華生心裏，如同經歷了一個小時那麼長。直到導演大聲興奮地喊"咔！"華生才鬆了一口氣，全場也似乎瞬間冰融。

隨行人員立刻拿大衣把寧靜靜包裹起來，華生看到她吐了下舌頭【95】，剛剛還楚楚動人的悲切的臉上，隨後就已經掛上了得意的笑

---

95 吐舌頭：舌頭快速地一伸一縮，表現的是佔了便宜的心態。做錯事沒有被懲罰，自認為僥倖逃過一劫後會吐舌頭，這是第一種佔便宜的心態；有訴求居然僥倖獲得了也會吐舌頭，這是另一種佔便宜的心態。所以，吐舌頭這個動作一出現，就説明當事人心裏有可能有小愧疚，也有可能是小得意。此處為小得意。

容。導演在一旁大加讚賞，不斷稱讚表演的完美和飽滿。

戴猛扭頭問華生："怎麼樣？這表演功力算是到位吧？"

華生由衷讚歎道："的確功力深厚、精準到位，這麼複雜的心情只通過 10 秒鐘不到，就展現得淋漓盡致，把情緒的愁怨和理智的包容完美結合，那一滴眼淚簡直絕了。"

戴猛道："對嘛！之前我還在想，委屈、怨恨、堅忍和大度怎麼才能短時間快速表達，真是沒想到她能用控制眼淚的數量來一步到位。等會兒我帶你去跟她合影，你要表現得高端一點，像個富貴階層，別讓人瞧不起。"

華生道："照相，不用了吧？"

也不等華生堅持，戴猛就帶着他奔向了寧靜靜的保姆車。

2. 老戲骨也會有情緒反應

敲門後，寧靜靜見是戴猛，臉上迅速升起盈盈笑意，下車來跟戴猛握手。

戴猛拍拍車，不無艷羨地說道："又換保姆車了？最新款的奔馳 Viano 呀！低調奢華又舒適，是你的風格！"

華生看到，寧靜靜的笑容中，掩飾不住得意。

得意的笑容可能有兩種，一種是瞇着眼睛但嘴不張開，另外一種是標準笑的時候加上揚眉的動作。

戴猛一邊把華生推向寧靜靜，一邊說："這是我老闆朋友的姪子，從美國回來度假，非要見你，從小就是你的影迷。這不，今天見到你反而不好意思了。"

　　華生見戴猛竟然編造自己的身份，心裏一陣暗笑，但既然已經明白了戴猛的意圖，就乾脆擺出一副紈絝子弟的樣子，很隨意地摟住寧靜靜，在戴猛不停按動快門的過程中，還故意把臉貼上去。第一次這麼做，動作還挺熟練。

　　拍完照，戴猛又朝着華生說道："你那裏有甚麼不用的錢，要記得投給你的偶像啊！寧小姐可是票房靈藥，讓你投一部賺一部。哈哈！"

　　華生也配合地點點頭，擺出一副老闆的樣子說："幸會！幸會！回頭請您吃飯，單獨聊聊新戲投資的事。"

　　儘管寧靜靜臉上閃現出一絲的不屑，但還是非常有禮貌地應對完畢，道別後才轉身回了自己的車上。遠遠地，聽見關車門的聲音很大。

　　兩人離開片場後，到了家餐廳坐定，一邊等餐一邊聊天。

　　華生不等戴猛發言，先試探着問道："老闆，這樣騙人家會不會破壞你們的關係啊？"

　　戴猛笑笑說："她們每天會見到很多表示要投資的人，基本上只有非常靠譜的才會上心。我和導演很熟，和她僅僅是認識，不礙事。"

　　華生表示："那我就放心了。"

　　戴猛這才問道："怎麼樣？有甚麼感覺嗎？"

　　華生思索着自己的記憶，依次回憶道："您誇她車的時候，她表面上低頭、彎曲軀幹表示謙虛，但笑容中可見眼睛瞇得厲害，嘴卻盡力想抿着，經典的得意表現。"

戴猛問：“知道那車多少錢嗎？”

華生問：“不知道。怎麼了？”

戴猛道：“那車頂配大概 70 萬元左右，算不上最好的保姆車。但裏面的一些功能和裝飾別出心裁，她的認同，來自於我說的評價‘低調奢華又舒適，是你的風格’。”

華生道：“明白！”

戴猛繼續問道：“然後呢？照相的時候甚麼感覺？”

華生回憶道：“兩點。一是她聽説我是‘你老闆朋友的姪子’時，盯着我看了兩秒鐘，看不出甚麼表情，但是這是今天她正眼看我的最長時間，其他時間的視線頂多是從我臉上一掃而過。二是我在用力摟着她的時候，她有輕微的抵抗和疏離，而且這種感覺很明顯，不是獨立自尊的那種強硬，而是不情願的厭惡逃離。”

戴猛回放着手機上拍到的合影，放大面部表情給華生看。華生仔細一看，發現寧靜靜的表情儘管看起來是笑，但笑容裏有普通人完全察覺不到的輕微皺眉和兩端微微向下的抿嘴，眼睛睜開的大小基本沒變。這是經典的不情願的笑容，驗證了自己對其肢體反應的判斷。

戴猛開口説：“這是我想告訴你的。即使是高級別的演員，也會有情緒反應。好的演員，是經過解放天性、情緒調動和標準表演培訓出來的高手，可以根據劇情迅速由內而外地調動自己的情緒，並以無懈可擊的表情和肢體動作表達出來，有的演員甚至會入戲一段時間，需要專門的調節才能恢復正常心態和生活。但是，這些精緻準確的表演是需要苛刻條件的：要有他們能夠理解的好劇情；要有好的對手演員作鋪墊和配合；要有好的條件，包括經濟條件和現場環境；要有合作愉快的團隊，比如導演、化妝師、服裝師，甚至是攝像師；要有寬裕而舒適的準備環境，讓他們能夠平靜下來進行準備工作。你還記得那個化妝師和那根頭釵嗎？在醞釀情緒的過程中，如果加以干擾，很可能會破壞全部表演。這還不算惡意破壞。只有等這些條件具備，表演才能細膩精準。"

華生問："所以，您的意思是，即使是非常專業的演員，也是在允許的條件下才能演得好，而干擾他們，他們就無能為力了？"

戴猛豎個大拇指，繼續道："對的。所以，一旦我們掌握了對話的主導權，我們能夠實施有準備的刺激源，那再好的演員也會首先成為普通的'當事人'。不但無法按照既定的方案來表演，可能連情緒都醞釀不出來。更何況，他們還會考慮得失利弊，會考慮人情世故，會隨着刺激源產生普通人的各種情緒以及表現。剛剛，我還算是她的某位熟人，你的身份也算是富貴階層，而且還表示有意投資，這些良好的基礎，也沒能讓她'表演'出完全的積極愉悅，為甚麼？因為她的情緒不願意被你緊緊摟住照相，那種感受對她而言意味着某種不尊重，對所謂的'投資'，她的經驗也告訴她並不可信。所以，頂級的演員也不是隨時都想演，想演也不是隨時都能正確地表演。而且，有的時候複雜的情況會讓人根本不知道怎麼演才對，更何況還有我們的刺激源進行干擾和控制！表演技巧相對於人類的情緒反應而言，是很弱小的。"

華生聽得很明白，連連點頭，追問道："那官員呢？"

說實話，戴猛並沒有想到華生會跳躍到下一個重要的問題，他不由得扭過頭來盯着華生看了好一陣，眼睛裏慢慢從驚訝潤出了笑意。那笑，既是默契的笑，也是讚許的笑。

3. 研究官員反應的困難與突破點

戴猛答道："在微反應的分析對象中，有兩座需要攀登的高峰。第一座是演員，如果給他們充分的準備空間，他們會把表情和動作拿捏到最合理的狀態，很難看出真假。好在刺激源在我們手裏，情緒的變化由不得他們，也沒有人能連續不斷地按照最'合理'的邏輯判斷改變情緒表現，這是人類的生理障礙。這座高峰的攀登，重點在刺激源的掌控，其實並不算難，因為畢竟演員還會有反應，反應越多，破綻越多。但是，第二座高峰是官員，目前為止還不能算是完全登頂。"

説到這裏，戴猛的眼睛變成了鐵灰色，遠遠地望向窗外遠方的山脈，停留了很久。華生雖不知道他在想甚麼，但知道這時候應該安靜，就低頭喝水。過了一會兒，戴猛才又轉過頭來，意味深長地對華生講："你會有機會見到官員的微反應的，而且如果你進步得快，這日子也許會很快。"

戴猛注意到了華生的眼神陡然凝聚起來，知道這個話題引發了華生極大的興趣，就接着解釋道："官員和演員有相通之處。很多情境下，他們都是在演，而且是準備充分的演，比如公開發言、會議講話，甚至是爭吵和辯論也都有可能是不動情緒的全理智行為。官員們的演，比演員的簡單，因為不要求聲情並茂感動人、取信人，他們只要保證不被否定就好，而演員需要肯定。在這樣的情境下，最大的困難之處可能有三點：一是準備充分，遇上好的演員性人格的官員，可能表演得非常到位，難以挑別；二是即便當事官員不擅長表演，但因為所處的情境是完全由其掌控的，所以他們可以根本不被觸動情緒，只要一副城府深的面容就可以應付所有狀況，也很難分析；第三，也是終極難題，這些情境下，我們並不掌握對話的主動權和控制權，沒有辦法實施刺激源引發他們的情緒反應，當然也就沒有辦法進行微反應分析。"

華生聽到如此抽絲剝繭的分析，心中對微反應分析體系的理解有種推倒多米諾骨牌般的感受，很多問題一下子就通透了，眼睛不由得放出了亮光【96】。

戴猛最後解釋道："官員們除了在自己能掌控的勢力範圍內之外，還會經常處於另外三種情境當中。第一種是對上級，第二種是對平級。這兩種情境當中，如果存在利弊得失的刺激源，官員們也會出現情緒反應，比如被上級批評、表揚、升遷或貶黜；與平級之間的合作、較量、打壓與吹捧等。很可惜，作為普通人，我們並沒有機會能夠親眼見到並記錄這些表現。"

華生聽到這裏，內心也湧起了淡淡的惆悵感。

他想戴猛說的也是，不是官員，怎能見到平級同僚和上級領導的真實表現？而如果已經是官員了，除了個人愛好之外，誰會去研

---

96 眼睛放出亮光，是行為人的兩種物理表現給觀察人帶來的感覺。第一是眼瞼提升，眼睛睜大後，光線能夠得到更多的眼球反射，會讓人感覺變亮；第二是視線關注提升，行為人會盯着某一個目標停駐較長時間，這種穩定的視線容易引起觀察人的注意。

究各種表現呢？再說，就算精鑽於察言觀色的研究，也絕難避免出現主觀偏差。因為那些能引起情緒波動的事情，肯定都和自己的利害相關，只有自己是身處其中的利益當事人，才能看得到因為利益紛爭而帶來的情緒反應。這時候，是動用技術和邏輯理性分析，還是按照情緒脾氣本能直覺？這恐怕是個無解的問題。

戴猛看了華生一眼，最後說："不過，還有第三種情境。"兩個人的目光一碰，戴猛就知道，華生已經想到了，於是滿意地笑笑，繼續道："官員還會面對司法機關。如果他們犯了罪，或者違反了內部紀律，他們就要接受調查。這些情境下的官員的表現，是有記錄的。"

華生應道："就像其他犯罪嫌疑人一樣，在接受調查的時候，按照有關法律規定，要有同步錄音錄像，防止偵查人員出現刑訊逼供，同時也是具有一定效力的訴訟證據。"

戴猛說道："對！就是這樣！這種情境，恐怕是最真實的刺激源和反應集中產生的平台。對於官員來講，政治前途和身家性命在此一搏，不能輸。也正因為此，刺激源背後所代表的利弊得失太強烈了，刺激源都很有力度。對於辦案機關來講，法律的正義和公權力的使命都要求他們也不能輸，也會調集智慧和力量盡職盡責地完成偵查工作。雙方之間的博弈，不是普通人能體會到的。處在這種情境中的官員，有自己的優勢，也有自己的劣勢。"

華生打斷道："劣勢我大概能知道，比如行動上和時間上是受控的，比如心理上因為要逃避偵查而又有天然的畏懼感，再比如說謊說多了也會有生物性的愧疚感，而且是個人對抗團隊，等等。他們的優勢在哪裏？"

戴猛道："優勢在於準備充分。每個官員從第一次決定違紀犯法之日起，就開始在內心不斷地細細編織解決方案，他們會通過每一天的行為和思路來試圖把自己犯過的罪掩飾起來，或者合理化處理，或者銷贓滅跡。對於案情而言，最熟悉的只有當事人本人，其他相關人員和偵查人員，有的時候只能拿到支離破碎的信息。從這一點上來講，官員本人的優勢絕對明顯。另外，你剛才說他們的劣勢在於逃避偵查的畏懼感和因說謊引起的生物性愧疚感，這是對的。但是，因為日日磨煉，他們的心理素質也好得很，常規的刺激問題在他們心中可能已經想過無數遍的應對策略。所以，往往在一些關鍵問題上，他們能夠對答如流、理直氣壯或沉着鎮定。官員們對案情的熟知和對心理防衛的提前準備，是我們必須面臨、也必須克服的門檻，這道門檻很高啊！"

華生不由得皺起眉頭，說道："理論上，博弈的雙方如果一方對信息全部知曉，且對即將面對的問題也全部知曉並做好充分準備，這棋就沒法下了，必然一邊倒啊！怎麼辦？"

戴猛"噗"地一笑，諱莫如深地回答道："你自己剛才都說了，怎麼這會兒又做出一副愁苦的無奈狀？你再多看看、多學學，等有機會，帶你看看實際案例，你自己來給出答案。"

第11章

解救備胎

1. 酒吧裏的姑娘

　　華生見識過了最強演員的演技，以及她也有的無法掩飾的應激反應，更是相信這個新方向才是找到微反應真諦的唯一途徑。於是，他開始嘗試着在日常生活中應用自己積累起來的知識和研究了。

　　公司同一部門中，有個同事綽號"小李逵"，他的長相屬於那種硬朗型的英俊，喜歡留絡腮鬍子，再加上比較黑，所以才會有那個綽號。不過，他人很細膩，不似李逵那般簡單直接。

　　他有個特點，每天上班的第一件事，就是用抹布把自己的座位和桌子仔仔細細地擦三遍。有經驗的人一聽這個特點，立刻可以判斷出，他桌面上的資料和物品，也一定擺放得非常整齊有序；他自己的儀容也一定打理得整潔乾淨，即使是絡腮鬍子，也每天精心修剪；他對時間的要求也很嚴格，自己不會不守時，對於守時的其他人會尊重和親近，痛恨不守時的人；他沒甚麼朋友，因為總是能清晰、理智、客觀地看待身邊的人，判斷他們的優點和缺點；他有收集某品牌運動鞋的嗜好，三雙四年前買的白色運動鞋，只要穿出來，就會擦得一塵不染。沒錯，這些都是"小李逵"的特徵。

　　但是，他不是處女座。

　　因為對人比較挑剔，所以他一大把年紀卻還沒有談婚論嫁的女朋友，整個青春也只和兩個女孩嘗試着接觸過，卻從沒有到達熱戀的程度。這些都是小李逵自己講給華生聽的。

　　為甚麼小李逵這麼信任華生呢？因為華生知道小李逵在意甚麼、喜歡甚麼、不接受甚麼。所以，在兩個人相處的過程中，經常能夠很愉快。

不僅僅對小李達，對大多數他身邊的同齡人，華生似乎都能做到不冒犯。他願意的話，也能立刻找到喜歡的共同點愉快相處。一邊沒有不愉快，一邊經常能有點小愉快，雙管齊下當然討人喜歡。華生問戴猛："老大，我最近覺得自己有這樣的變化，這些和我跟了您之後所搞的研究有關係嗎？"

戴猛哈哈一笑："當然了，連人家不想表達給你看的東西，你都能感受到。那麼只要你願意，自然能做到'趨人之利，避人之害'了。一個人只會說中國話，另外一個只會說美國話，你說這兩人怎麼交流？現在你是既會中文，又會英文，你能全明白他，但他卻沒有這個本事，當然是你佔便宜了。微反應就是另外一門語言，只不過不是人人都懂而已，會了肯定佔便宜！"

華生覺得，戴猛最近總是在一些不要緊的事情上絮絮叨叨，正經事卻總是輕輕皺着眉，有點哪裏不對勁。

而在小李達看來，和華生相處最讓他舒服的地方，是華生在他面前也很講究乾淨整潔，很自律。

年齡越來越大，小李達在找女朋友上動的心思就越來越多，也越來越慌亂。

最初的階段，是經常拉着華生去酒吧，弄杯啤酒一坐就是一晚上。小酒保後來一看見他就滿臉堆笑，轉臉就一臉鄙夷。華生看到了，但也知道沒有必要說破。現在這些毫不掩飾的情緒表情，對華生而言，無疑就是透明的。但是，只點一杯酒，怎麼才能撐一個晚上呢？很簡單，因為小李達根本就不喝酒，連小口抿都不會。小李達就趴在桌子上，或者窩在沙發裏，一邊有一搭沒一搭地跟華生找點話題說，一邊不斷地用眼睛來來回回地瞄。

他們常去的酒吧街，位於時尚商圈，也是眾多大公司聚集的區域，所以酒吧裏都是年齡相仿、身份相似的人。一群一群的多，單個的也有。有一個姑娘自己坐在一張小圓桌前，身邊沒有別人。這樣落單的姑娘總體數量不多，但並不少見。但小李達的眼睛在掃到她的時候，一陣發亮，接着就再也挪不開了。

這姑娘算不上漂亮，算“不醜”這個集合裏面的中上等，氣質不錯，身材也好。長長的頭髮有一半搭在肩上，另一半自然地垂落在桌子上。她用一隻手托着腮，眼睛盯着發光的筆記本電腦屏幕，微微蹙起眉，不時滾動幾下鼠標；手邊只有一杯碧綠的雞尾酒，偶爾用唇輕輕啜一小口；臉上沒有化妝，最多也就是淡淡的妝，不似其他女孩那般線條清晰、顏色鮮豔、對比度明顯的濃妝；白色連衣長裙，沒露胸，也沒露腿，腳下的鞋既不似鬆糕那般的底層時尚，也不是又細又長的高跟那般的妖豔。一切都恰到好處，不溫不火。

華生心裏想，只是在酒吧看電腦有點奇怪，也不見動鍵盤。

你身邊有這種姑娘嗎？打扮清新淡雅，會一個人去酒吧發呆、出神、看電腦。多想一個問題，她們的動機可能是甚麼？

小李達似乎已經中了毒，癡癡呆呆地看着那女孩。他突然轉過頭來問：“我得去試試，這是我的菜！你覺得我有戲嗎？”

別看他這麼問，但根本就不是為了要答案或建議，就只是一問。也許，是為了給自己壯膽。所以，話音還沒落，他就拿起自己的啤酒，挺了挺胸，捏了捏拳頭又鬆開，邁開大步去了【97】。

2. 一次失敗的搭訕

小李逵在姑娘面前的表現是很得體的，站姿和舉動一點都不猥瑣。

他大大方方地往姑娘面前一站，禮貌地問候。姑娘抬頭看了一眼他，眼睛在他的臉上注視了有一秒鐘，隨後淺淺一笑，點了點頭。這一秒鐘的時間，已經是一種認可的表現了。如果是個猥瑣大叔或者妖豔大媽，恐怕視線停駐的時間會以毫秒為單位，一碰到就跑掉了。

小李逵順勢坐到姑娘對面。沒有緊張地搓手，甚至失態地用手在褲子上擦蹭，保持着很得體的樣子，臉上的表情也是溫文爾雅的。他控制着禮貌的距離，用眼睛看着姑娘，說了些甚麼。總之，沒有減分項。一般而言，着急貼近會顯得沒有教養，搓手、擦汗是沒見過世面的緊張表現。小李逵全力備戰之下，控制良好。

可是，我要問大家一個問題，小李逵緊張不緊張？

對，他是緊張的。這就說明，如果一個人做好準備進行控制，即使內心非常緊張，也可以在社交行為方面控制得比較

97　挺胸、捏拳頭、邁大步，都是努力之下所做出的積極動作，充滿求勝的慾望。這類反應如果是不經意間流露出來，就屬於戰鬥反應。戰鬥反應是強勢心態的表現，無論一個人嘴上說的是甚麼，只要他有這些不經意的動作，就代表了不服輸、想取勝的心態。

完美。這也是為甚麼社交行為不宜做分析的原因。

姑娘也回應了幾句話，臉上淺笑依舊。

華生心裏想："萬事開頭難，開始搭上話最難。對話一旦建立，就意味着機會已經留給你了。門已經開了，能不能進去，要看你的本事了。"

小李逵估計這時候已經使開渾身解數了。一貫高冷、沉靜、內向的他，竟然出現了眉毛的頻繁運動，還總是説着説着就自己笑了。姑娘的睫毛很長，在燈影裏顯得更加鮮活。華生不能確定這長長的睫毛是不是化妝了。

當小李逵講笑賣力的時候，姑娘會把兩個手握在一起，像祈禱那樣支在下巴底下，頭微微向前傾，一副期待和欣賞的樣子，眼睛一動不動地看着小李逵，時而抿嘴笑，時而咧嘴露出一部分牙齒笑。有好幾次，姑娘還會用長長的睫毛忽閃忽閃地特意眨動幾下，對他的內容表示驚訝。

華生暗道"沒戲了"。

那一邊，小李逵卻更加賣力了。

大概就這麼過了有 20 分鐘，姑娘提前收拾東西走人了，笑着道別，鞠躬、握手、留電話，臨走還回身擺擺手，留下一個飄逸而美麗的背影給小李逵回味。

好一會兒，那小子才踱着方步回來，微微晃動着頭説："兄弟，這次成了！甚麼叫緣分？甚麼叫一見鍾情？！"恰好在這個時候，音樂的節奏很好，一貫沉靜內向的小李逵居然隨着節奏扭動了幾下胯部。姿勢雖不好看，得意卻已經淋漓盡致地展現出來了。

華生冷冷一笑，伸出一個食指，衝着他搖了幾搖，也不説話。

小李達急了，把梳理得很整齊的頭貼上來，質問道："不服？信不信我打個電話，今晚上就帶走？"説完，拿出名片來晃了晃，指着姑娘剛剛寫的電話號碼問："第一次就被我説暈了，還留了電話。這也就是我手軟心善，不慣欺負人，不然再努把力，剛才就直接帶走了！"

"平常你可不是這樣説話的，也不會這麼得意忘形。"華生想，"這就叫被勝利衝昏了頭腦。"

華生伸手，要過那張寫着電話的名片，看了一眼，然後又遞回給小李達，説："多少位數，自己看。"

小李達仔細數過，方才傻了眼，怔在那裏半天。

看他一臉困惑的表情，因為他不明白自己到底輸在哪裏了。華生問他："一開始她眼睛看你多嗎？"

小李達答："多，一直看我。"

華生問："你看到她用大長睫毛忽閃你了嗎？【98】"

這下李達反問道："多可愛啊！"

華生再問："後來她看你還多嗎？"

98　人在腦子不夠用的時候，比如聽不懂，或者很努力思考如何回答問題的時候，會出現眨眼頻率增加的微反應。其他學者有的認為是在不斷刷新大腦處理機制，也有學者解讀為頻繁視覺阻斷。但是無論如何，這種反應的出現，一般表示腦子跟不上了。但這僅限於正常的眨眼，眨眼的人自己都不知道自己眨眼加快、增多了。相反，用穩定的節奏進行眨眼，而且還和語言同步，比如 "OH, MY GOD!" 的同時眨三次眼，又或者和張大嘴巴表示驚訝讚歎的表情同步，則多為目的明確的表演，主要表達自己很萌、很媚。因為真的驚訝的話，眼睛只會瞬間睜大，或者停在那裏不動。一旦開始快速眨動，則表示腦子轉不過來了。

一句話，問得小李逵頓在那裏，仔細想了想，回答道："不多。後來感覺她老低頭或者跑偏或者看電腦，但還是被我逗笑啊，也會偶爾看看我啊。"

華生道："那不就完了？人家故作可愛和禮貌地應付你呢！實際上，不愛看你了，就是對你沒興趣了。【99】"

小李逵翻了幾下眼睛，半信半疑道："不愛看我就表示沒戲？就這麼簡單？好吧，我知道你是 geek，眼睛看人準。那你不早說，害我白興奮半天。"

表面上似乎沒甚麼的樣子，但那幾下抑制不住的翻動眼睛表示他的大腦受傷嚴重，無力承受這個結果。果然，從來不喝酒的小李逵，竟然喝了一大口啤酒而渾然不自知。

3. 終於戀愛了，卻是個備胎

後來，小李逵終於戀愛了，女生是附近一家公司的前台，據他自己說也是在酒吧認識的。

別看是前台，但也是碩士畢業，而且那女孩長得也比較清新，符合小李逵的口味。剛得到姑娘點頭的那幾天，小李逵整個人呈現出多角度愉悅情緒支配下的生命體跡象。他的嘴角總是上翹的，平日裏不大動的眉毛都異常活躍；走路帶風，行動迅速，幹甚麼都充滿

---

99 重要的場合，應該人人走心。如果這時候人家不愛看你，就是表示人家沒走心，對你不感興趣。因為視線關注，是渴望獲取信息的基本表現，是關心的基本表現。沒有視線關注，可以直接推導出一個結論──不關心。

精神，跟誰說話都笑呵呵的特別痛快，也基本上不會像原來似的拘謹刻意，在意這個、嫌棄那個。

在華生看來，最後一個改變，才是最重要的改變。很早以前就曾經聽說過，一個人自己狀況越好，就越對別人好，也越包容，而所有苛刻的行為模式，一定來自於自己的苦難，那是一種反噬心理。

不過，大概時間過了有一個月之後，華生就發現小李逹"蔫了"。人變得焦慮、不安，容易急躁甚至為小事發脾氣；不喜歡和人交流，不愛說話，看人的眼光也總是陰鬱的。儘管他在盡力把自己掩飾成一個正常人，但華生看出了兩種情緒在主導這些行為：一種是憤怒，一種是恐懼。

　　有很多人不明白，憤怒和恐懼怎麼會同時出現在一個人身上呢？也正是因為想不明白，所以很多專家給出解釋說，"憤怒的根源是恐懼心理"。對的，遇到兩件有關聯的事情，一般人在想不明白的時候，就容易給兩件事情直接掛上因果關係，比如，古時候不下雨就祭童男童女求龍王。但其實，兩件事可能根本沒有關聯。

　　憤怒，是"求勝"的驅動力。動物的憤怒最簡單，就是要戰勝對方，所以身體上才會變得更快、更猛、更兇。人的憤怒也是為了勝利才會出現，只不過這個勝利的規則太過複雜，不是打贏才算贏，所以人的表現也會更複雜，不過基本的生理變化還都有。

　　恐懼，是"求生"的驅動力。動物的恐懼也簡單，明知道自己打不過對方，所以會想各種辦法，逃跑、躲藏、偽裝等等，只要能活下來就行。偶爾來個兔子蹬鷹也是慌忙逃跑中的各種機會湊巧，能鑽洞的話，沒有誰願意冒着生命危險嘗試那一蹬。人的恐懼會出現相似的特徵，呼吸加劇、肌肉發抖、瞳孔放大、眼神慌亂、心跳加快、出汗增多、消化系統減弱，這都是為逃跑準備的。

如果說"憤怒的來源是恐懼"，那麼應該恐懼越強、憤怒越猛啊！可是，你見過兔子跟老虎憤怒的嗎？

憤怒是在自己認為打得過的情況下，要求勝；恐懼是在認為自己打不過的情況下，要求生。二者完全不一樣。但是，人的確有的時候會在害怕的時候變得異常容易發怒。而且，當事人普遍反思，認為自己的失控發飆，是因為之前害怕了。

比如，小李達現在就是這個狀態，他說："我覺得她好像還有別的男人，所以我最近容易衝人發火，華生你多原諒。"

因為人類社會的規則太過複雜，多組牽扯到不同群體的規則會落到同一個人身上。經常可見的局面是，第一件事惹得一個人害怕、擔心、不安了，這個人會在第二、第三件事情上變得容易發飆。因為其他事相對而言，是好惹的，或者在當事人心裏，是沒有那麼致命的。

別處受傷此處補。這樣一來，同一個人就可以維持自己的心態平衡，保證多活一段時間。

小李達在女朋友那裏受了刺激，產生了恐懼類的情緒，但卻不敢對女朋友做甚麼，只能生生捱這一"刀"。但這些不安的陰影所帶來的心態失衡，會讓他轉而朝着自己認為的"軟柿子"發飆。所以那些無辜的同事們，就變成了倒霉蛋。不過這麼長時間以來，也沒見小李逵朝着領導發飆。其實呢，他腦子清醒得很。

小李逵湊過來問華生："哥們，要不然我找機會約出來，你幫我看看，是不是我太多心了。"

那華生能同意嗎？拒絕。

在小李逵小心謹慎地又陸續磨了幾次之後，華生實在見他可憐，也就同意了。

之前，華生反覆確認："哥哥，你得告訴我你的訴求，你希望搞清楚的是甚麼問題？"

一句話，問得小李逵有點呆。是啊，我要問甚麼呢？

仔細思考之後，小李逵說："前段時間她休假，但因為咱們公司沒放假，所以我不能陪着。她說，那我就給公司出差，一邊玩一邊掙加班費。我問她，你不是前台嗎，出差能幹甚麼？"

華生扭頭看看小李逵，意思是"這問題很好啊"！

小李逵說："她當時就說了兩個字，'打雜'。她那個個性，衝着掙錢去我就不信，再說衝着'打雜掙錢'，我就更不能信了。最近，我看她老是在手機上聊天，邊聊邊樂，是那種我經常見到的有點小女生的羞澀的笑，但肯定很開心。我想知道，之前兩次她是不是真的出差了？如果是，會不會是跟公司的男同事之間出了岔子？"

華生暗自歎了口氣，心道："不管多硬的漢子，沾到掛心的女孩，也會變得這麼雞婆。"

4. 短兵相接，無福消受

　　週末，小李達叫上女朋友，華生為了避免自己尷尬，叫上了辦公室的肖依，四個人約好了去新開的環球自助餐廳吃飯。

　　從小李達帶着女朋友一進入視線，華生就不由自主地看到很多細節。更恰當地說，是這些細節不斷地湧現出來，搶着進入華生的視線。

　　小李達的手搭在女孩的腰上，輕輕地摟着，或者說扶着更加妥帖；女孩的手沒有回摟，而是兩隻手臂都舒展開，攏在身前，連手指都是舒展而伸直的。當然，這個動作並不僵硬，而是顯得規矩得體、矜持有度、很有修養的樣子。不過，兩個人的身體就因為只有"扶"而沒有"摟"，產生了一段距離，大概有 20 厘米的樣子。儘管小李達滿臉笑意地總是想靠得再近些，但因為是在走動中，所以二人之間的距離並沒有變。

　　這個距離不仔細看，並不值得注意。女孩的姿態表現得有修養，臉上表情也得體，一切都不值得往壞的方向推測。只是，二人之間的主、從關係已經非常明晰了——在外人面前，他們表現出來的是女強男弱的搭配，女孩在兩個人的關係中是主導地位，男生是從輔地位。因為即使是往最好的方向想，也是男生積極主動地在取悅和接近，而女生是自顧自地展示自己的精神風貌，沒有趨近男生，也沒有回應男生的取悅和關心。

　　落座之前，小李達介紹了華生和女孩相互認識，然後才介紹了肖依。寒暄客套、溫暖的問候、得體的舉止，小李達的女朋友做出了很好的表現，無可挑剔。即使在華生看來，這樣的社交行為也接近完美，用"落落大方"、"淺笑倩兮"、"光彩照人"之類的詞來形容也並不為過。

不過，在這個過程裏，女孩沒有看過小李逵一眼。似乎，她就是一個完美的自己，而不是誰的女朋友，跟那個帶她來的男人沒有關係。

小李逵頗為風光，臉上的笑根本抑制不住，雖然他在努力讓自己看起來大方一些、沉穩一些。要坐下之前，他很紳士地為女朋友拉開椅子，然後用手去扶女孩的手肘。

這僅僅是禮節性地扶一下，第一起不到幫忙的作用，第二佔不了甚麼便宜。其實，這個簡單的動作就是表達了好意和親近。但女孩卻微微把身體轉了一個角度，剛好讓自己的手肘避開了那個扶的動作。

華生看在眼裏，心裏"咯噔"一下。但他隨即提醒自己，不要說破。

小李逵並沒有在這瞬間的變化之中發現甚麼不對的地方，待女友坐下後，自己也落座。這頓各含心機的飯就此開始了。

華生湊趣，問道："逵哥，嫂子這麼優雅漂亮，你再多給介紹介紹唄。我們家肖依得多跟嫂子學着點。是吧，肖依？"說罷，側臉看了一眼肖依。

肖依不是笨蛋，知道這時候需要配合，連忙點頭道："是呀，逵哥，我都愛嫂子呢！"

兩個人短短幾句話，把"嫂子"這個詞密集投放給了對面兩個人。

華生是故意的。

稱謂的微微變化，能夠表達遠近親疏，也能引起對方的心理感受的變化。

同樣一句話，小李逵聽來就甜如蜜，笑意更甚；然而那個女孩卻在笑容裏非常輕微地撇了撇嘴，笑容的時間也只是一瞬即逝。

華生看到這個表情，心裏再次"咯噔"一下。看來真的有問題呀！她不願意被別人叫"嫂子"。

那女孩倒是靈活得很，一瞬間的尷尬之後，立刻拿起筷子，給小李逵夾了菜，然後自我介紹道："我在優然公司上班，離你們公司不遠。我哪有你說的那麼好，估計是你逵哥沒少在你們面前吹牛。你看肖依，多水靈啊！對了，你們公司允許 office couple 啊？"

一句話，讓沒有鬥爭經驗的肖依紅了臉，身體一縮卡了殼。她竟然真的不好意思了！

華生哈哈大笑道："嫂子，你太謙虛了！你要是普通人，那就沒有仙女了。肖依是我們這個小組織的小妹妹，人家是官二代，可看不上我們這些打工的。"

華生在這番暗鬥中，很努力地挽回了頹勢，但也沒取得甚麼優勢。主要是肖依反應得太明顯了，畢竟是小姑娘，讓人家一句話就佔了上風，天然的反應更坐實了"office couple"的刺激性。就算心裏沒鬼，也會被那個害羞的反應弄成跟有事似的。

好在華生靈機一動，解釋成非常模糊的"官二代"。"官二代"在正經語境裏是個中性詞，不似"富二代"那樣帶有強烈的偏見指向。因為當官的大多謹慎，所以官二代的家教更多的是謹慎，至少多樣化得很，而非一味的飛揚跋扈。

"這姑娘厲害！"華生想，"一邊謙虛着控制場面，一邊隨便拋個話題，就把火力調轉過來，弄得我們一陣手忙腳亂。犀利！"

這樣一來，"嫂子"所取得的一點點突破，也灰飛煙滅了。而且，更關鍵的是，估計對面這姑娘已經感覺到了"挑釁"。如果是，很麻煩，加以防備之後很難看得出心裏真意；如果不是，那只能説明這姑娘從小沒少跟人動心眼，習慣成自然地保證自己不落於人後。

小李逵在這期間，還處於完成禮儀階段，哪能想到雙方已經短兵相接地快速試探過了一陣？他開口認真地介紹這女孩的情況，連講帶誇，順帶着也把自己的愛意混雜進去，就跟小男孩剛得到變形金剛玩具的時候一模一樣。之前的憂慮和懷疑，竟然一點都沒有了。

女孩子就一隻手微微握拳，拄在下巴上，側着頭安靜地聽，聽到好笑的地方就笑笑，眼睛一直看着小李逵，視線裏全是愛意的樣子。

華生把兩個人的神情都看在眼裏，隱隱預感到，小李逵根本避不開這一劫。兩個人在感情中的位置不平衡，心智程度又嚴重失衡，心裏這一劫是逃不掉了。想到這裏，華生有點想放棄，那一刻的想法是，"有個這樣的高手給他上人生中最重要的一課，只要他受傷之後能挺過來，那就會變成成熟的男人，也許是好事？"

在小李逵講到"她無論如何也不肯讓我給她洗襪子，自己一把搶過來跑到衛生間鎖上門洗好了才出來"的時候，女孩兒用手嬌嗔地拍打了一下他的肩膀，柔聲責怪道："這種事情也跟人家講！"小李逵美的呀，大概渾身上下得打了好幾個寒戰！

肖依把頭貼過來，湊在華生耳邊説："我都動心了。"説完吐了個舌頭。

華生看到小李逵幸福的樣子，決定不再留這個心，省得添亂。該他受的，喜怒哀樂都得受，現在這麼享受，到時候痛苦也是平衡的因果。不是有句歌詞嗎——"愛有多銷魂，就有多傷人"，別人能幫的有限。

在隨後的過程裏，姑娘依舊得體大方，小李逵依舊興奮得嘴停不下來，一直在説話。姑娘也不怎麼插話，總體來講就是一個安靜的女子。

正在熱鬧的時候，女孩的手機收到了信息。她看了一眼小李逵，轉頭又對華生和肖依笑笑，説了聲"不好意思"，方才拿起手機查看。

華生也不知道為甚麼，就直接看着她的臉，看她看手機時候的表情。

女孩的動作非常細微。先是嘴角幾不可見地抿起，那是一種欣喜的表現，但是被自己給抑制住了；隨後，她的眼球快速地向小李逵的方向轉動了一點，行程非常短，但的確閃動了一下。那應該是一種下意識的反應，可以解釋為本打算去注意一下小李逵的反應，雖然實際上甚麼也看不到。當事人神志清醒，也知道這時候不能去真的看一眼，不然就暴露了很小心防備的樣子。但是，神經系統產生了這個意識，下達了運動指令，還是會有一個動作被驅動產生。

小李逵看到她去看手機，就已經突然像變了一個人一樣，一瞬間安靜了下來，包括表情和肢體動作。他變得很尷尬，不知道自己現在應該繼續保持興奮，裝作若無其事比較好，還是安靜地等待更好。

那幾秒鐘，所有人都處於安靜等待的狀況。

這個氣氛很詭異，讓女孩也感覺到了甚麼，她抬眼看大家的時候，很明顯有一瞬間是想不明白的。"不就是看條信息嗎？怎麼會這樣？"這大概會是她頭腦中的第一個想法。

馬上，她就行雲流水地化解了尷尬。

她拿起手機，在小李達面前停放了 1 秒鐘左右，不慌不忙地再收回去。這一秒鐘，本就不夠小李達看清楚的，女孩還用比例非常恰當的撒嬌語氣，大概佔 15% 左右，把委屈而無奈的求助準確地傳遞給小李達："又要出差，再這樣下去，就是逼我辭職啊。"

尤其是，她把手機電源鍵慎慎地一按，然後在 1 厘米左右的距離翻扣到桌子上的動作，確實顯得不勝其煩，心情很糟糕。

隨即，她把一隻手放在小李達的小臂上，似乎在安慰着他，同時卻抬眼望向華生和肖依，説道："真對不起，破壞大家情緒了。其實是件小事，公司讓我出差，最近已經好幾次了，我和達哥都有點煩。"

"一箭三雕！"華生不由得暗自打了個冷戰。

由於小李達的突然變化，導致一個看手機的普通突發事件變成了明顯尷尬的局面。女孩竟然用飛速的應變能力，一邊用手安撫了小李達，一邊用眼神應對了華生和肖依，最後還同仇敵愾地把小李達也拉進來"都有點煩"，焦點就完全不在她身上了。

小李達本來很緊張，也的確很尷尬，又想趁此機會搞明白自己到底是不是備胎，又覺得不敢冒進。女孩這麼一安慰，尤其是手往自己手臂上一放，溫暖的體感絲絲傳入，他就瞬間沒脾氣了。

但是，這個舉動卻徹底激起了華生的好勝心。

華生清了清嗓子，擺手道："嫂子拿我們當外人啊！加班這種事，人人恨不得得而誅之。達哥前兩次沒能陪着你去，快揍人了都，幸虧我跑得快。"

小李達眨了眨眼睛，似乎聞到了甚麼味道，調整了一下自己的坐姿和表情。

大家一陣笑，算是應景地給華生一個交代，結束了剛才的失敗場景。

華生繼續問："嫂子，你前兩次都去哪兒了？"

這種問題不好不答，因為沒有任何不答的理由。

但實際上，這種問題距離華生真正想問的還有很遠的距離，所以後面可以跟隨的問題角度很多，變化不勝枚舉，但最終都會由一層一層的邏輯指向核心問題。只要第一條缺口一開，後面就會形成問與答的加速度，等到當事人發覺接近危險區的時候，就沒法停下來了。越往後，越危險。

女孩微微紅了下臉，說："別叫我嫂子了，把我叫老了。我應該和肖依差不多大吧。"

說完和肖依對視了一眼，就算是把"別叫我嫂子了"這件事定下來了。

她繼續說："煩歸煩，好在我們公司去的都是一線城市。前兩次跟着老大們去了上海和廣州，印象都不錯。"

華生問："像我們這種人，就只能圈在 B 市，很少出去。就算出去，也是累死。做展台、收簡歷、搞宣講，談人一談就一天。我還是願意在總部，至少工作是有序的，不亂不鬧心。"

說完，華生沒有用問題來要求女孩繼續回答，而是用眼睛一直看着她——充滿期待的眼神。

這個眼神的意思大人都知道，這是在等對方説話。根據常識，人家剛剛説完關於"出差"的內容，接下去只有兩種選擇：一種是評價；另一種是講自己的類似的內容。評價要看身份和主題合不合適，而講自己則是比較"會聊天"的選擇。

所以，女孩也跟着介紹起自己的"加班"內容："我在公司平常做前台嘛，但研究生的時候也幹過項目，會做一些打雜的事情。他們開會，我做會議紀要，錄音、錄像、拍照都有人負責。等老大們開完會，我負責挑圖、剪片子、整理錄音和文字，把它們做成多媒體的會議日誌，存到數據庫裏。"

華生豎起大拇指："厲害，全能女戰士啊！這些活兒有一項就能累死人。達哥，要是你的話也得幹到半夜吧？"

小李達沒明白華生是甚麼意思，這時候把話題轉向自己有點突然，一時間不知道該怎麼作答。

幸虧肖依補上："要我就完蛋了。又煩、又累、又不會啊！"

女孩臉上出現了笑容。不過，這個笑容裏既沒有得意，也沒有羞澀，而是有點尷尬。

華生欣賞地看了一眼肖依，感謝她救場，然後立刻跟進道："連剪片子都會，必須膜拜！你用甚麼軟件剪，finallycut[100]好麻煩的。”

女孩似乎沒有注意到這個“口誤”，張了張嘴，但最終沒有應答，然後手一揮，說道：“逮着甚麼用甚麼，胡亂剪輯，只要能把需要的片段弄出來就好。有時候用 windows，有時候用蘋果。剪片子還是蘋果的好用些。”

至此，華生已經明了了，她鐵定在說謊。因為如果很熟悉蘋果電腦上的剪輯軟件，就不會聽不出“finallycut”和“finalcut”的區別，她還強調“剪片子還是蘋果的好用些”，就是欲蓋彌彰了。

之後的時間，華生沒有再多說話，由着小李逵膩膩歪歪又別別扭扭地操控完了整個飯局，就和他們倆分手了，帶着肖依離開了飯店。

肖依問他：“華生哥，逵哥有戲嗎？”

華生搖搖頭，看了她一眼歎氣道：“那姑娘是特別聰明的那種，小李逵無福消受。現在你看到的這副人畜無害、落落大方的樣子，僅僅是冰山一角而已。道行深得很，我拼盡全力，也只能看到作假的破綻，但卻沒把握能全面掌控住她。”

肖依白了他一眼，說道：“那是！你才談過幾個女朋友啊！”

後來，小李逵沒有再持續那個慌亂的狀態多久，很快又恢復到了早先的高冷、安靜的狀態，只是比以前更加沉靜、更加冷。再後來聽說，有一次，他親眼看到了不應該看到的場景⋯⋯

100　應該是 Finalcut，華生在此處故意說錯。世界範圍內最常用的 PC 或 MAC 機剪輯軟件並不很多，最常用的有專業級的 Finalcut 軟件，是蘋果系統裏的剪輯軟件；以及 Adobe 公司出的 Premiere、Sony 公司出的 Vegas。如果是簡單的剪輯，還有家用版的軟件會聲會影。

第12章

智擒傳銷巨頭

1. 臨時編謊話，眼神總跑偏

華生下班回到租住的樓下，聽到了一陣吼聲。

"你放學之後幹甚麼去了？"一個充滿威嚴的聲音。

"我去小明家做作業了。"一個怯怯的聲音，還有點童音。

"做作業？那哪裏弄得身上這一大片土？嗯？"威嚴的聲音中充滿了危險的信息。

華生恰好能從密密的爬山虎葉子中，看到院內的情境。一樓的小院子裏，一個小男孩灰頭土臉地低頭捱訓，另外一個應該是他爸爸，手叉着腰，神情憤怒。

華生想看看小男孩會怎麼反應，於是停下腳步。

那個小男孩不大敢抬頭，試了兩次想看看爸爸的神色，卻抬到一半就被壓抑得低下頭去。

這是明顯的心虛表現。

心虛的人因為害怕從對方的神色、眼神和舉動中獲得負面的信息，比如害怕捱揍、害怕被嫌棄、害怕說謊被戳穿等等，所以不敢直視對方。即使主觀意志上很努力，但自己認為完全沒有應對負面刺激的解決方法，所以強烈的失控感讓自己寧可不看。

見小男孩不說話，他爸爸更加被激怒了，提高音量逼問道："說！土哪來的？"

小男孩明顯非常害怕，但還是堅持說："我在小明家一不小心摔了一跤，倒地上弄的。"

他爸爸獰笑【101】了一下，反而降低了音量説："別慌，慢慢編，好好編，想清楚了再説。把頭抬起來，看着我的眼睛。"

小男孩異常艱難地抬起頭，看着他的爸爸，眼球快速微微地左右閃動但又不敢逃開，臉上是經典的恐懼表情。

他爸爸問："我想問問看，小剛放學之後幹甚麼去了？"

這一提小剛不要緊，孩子身體劇烈顫抖了一下，立刻就把視線轉開，不再敢看他爸爸，同時兩個手開始搓弄衣角。他沉吟了一會兒，説："我怎麼知道？放學時沒看到小剛去哪了，我陪小明去買東西了。"

爸爸被氣樂了，説："還狡辯。剛才不還一塊兒寫作業呢嗎？現在又去買東西了。眼睛看着我！"

孩子再次被迫抬起頭，膽怯地看着爸爸，眼睛想跑又不敢跑，憋了半天，忍着哭説道："先去買東西，再去寫的作業。"説完，不由自主地把眼睛先轉向旁邊，再低下去，不再敢跟爸爸對視。

他爸爸從兜裏拿出手機，播放了一段影片給孩子看。聽聲音，那是兩個小孩打架的錄像，旁邊還有人叫好。爸爸把手機塞在孩子眼前，孩子就一個勁兒地躲，身體蜷縮着瑟瑟發抖，不斷小步跟蹌着往後退。

爸爸説："你挺敢編啊！跟小剛打架，不知道有人拍錄像了吧？人家小剛爸爸發給我的，説小剛被打腫了眼睛，你讓我怎麼辦？啊？還寫作業？編瞎話都不知道怎麼編。今天罰你深蹲 100 個！"

101　獰笑，是輕蔑＋兇狠＋笑的動作組合，常見於有掌控感、必勝感的敵對心態行為人的臉上。

　　華生在想，臨時編謊話的時候，因為害怕被戳穿，所以眼睛和身體都會非常緊張。尤其是眼睛，不敢看對方，是因為生怕被對方懷疑，給出不信或者質疑的神色，那樣就是非常嚴重的負面刺激，需要很努力才能應對過去了，是非常困難的事。所以，臨時編謊話，眼神會容易跑偏，小孩更明顯些，成年人也會有這種特徵。另外，由於注意力全部都在編造和表達，所以身體方面的管控會減弱，容易出現大量有價值的微反應特徵。

　　那麼，如果謊言是編造好的，而不是臨時設計呢？如果是個完整的騙局，還會有這樣明顯的表現嗎？

2. 預謀行騙時，敢於盯着看

　　華生週末的時候被小夥伴約去海邊玩。

　　一開始，說好的是去吃海鮮、垂釣、燒烤。約上的兩個小夥伴平常玩得不錯，也都是公司上班的白領，算得上精明強幹。但是，到了海邊之後，華生卻直接被他們拉到了一個住宅小區裏。

　　氣氛有點奇怪。

　　華生問："咱們來幹嗎？"

　　小夥伴秋虎一臉笑意地講："這裏有幾個金融圈的朋友，先一塊兒聚一下。據說他們厲害的，一年掙了幾百萬，現在已經自己開公司，不再給別人打工了。"

　　這個笑臉是典型的假笑，裏面摻雜了得意和諂媚兩種雜質。這樣的表演笑對華生來講，已經太清晰了，完全是"我把坑已經挖好了，你來跳呀"的意思。突然，華生覺得很好玩，期待看看這張笑臉後面隱藏着甚麼故事。

轉眼看去時，另一個小夥伴磊子也是一臉期待的神情。

這就更有意思了。

沒坐多久，兩個人還在為此行目的遮掩解釋的時候，有人敲房門了。秋虎似乎早就在等，一聽到聲音立刻滑過去開門，隨後迎進一個"周潤發"，身後還跟着兩個隨從模樣的人。

"周潤發"穿着西服，脖子上戴着絲巾，梳着大背頭。一進屋，他並沒有和秋虎、磊子打招呼，而是先用穩定的眼神看了華生一眼，視線在華生的臉上停了有兩秒鐘左右，隨後沉穩地露出了周潤發那樣招牌般的笑容。這一眼之後，他方才和秋虎、磊子握手點頭，眼神相互交流得很快，但也很充分。他身後的兩個隨從，也和這兩個人彼此點頭，看來之前就已經見過。

秋虎介紹說，這就是那位金融界的朋友，人們都管他叫"傳奇哥"。傳奇哥是金融圈裏響噹噹的傳說，據說去年一年淨收入 800 萬。

華生不由得心生好奇。

好奇的原因是，這樣言談舉止一板一眼特別有戲劇風格的人，他還是第一次見到。上次見到寧靜靜的時候，也沒見影后級別的演員平常有這麼拿捏的神色和舉止。很明顯，"傳奇哥"所表現出來的行為風格，肯定不是他的隨意狀態，更像是那些登上舞台的表演秀演員，對所有細節有着精準的控制。難得的是，這一套風格化的行為，到目前為止還沒有明顯的破綻，應該是已經打磨過很多遍了。

磊子變得有點興奮，開口的兩句話居然有點結巴。他見到傳奇哥特別親近，套着近乎説："傳奇老師，上次聽了您的課之後，我獲益匪淺。回去之後，我仔細地研究了您講的規則，找到了自己的定位，打算跟着您大幹一場！這次來，我還帶來了一位朋友，也是我輩精英人才，讓他聽聽您的課，這也算我個人工作計劃的開始。"一邊説着話，一邊用虔誠的目光看着傳奇哥，像是弟子等待活佛加持一樣的虔誠。

傳奇哥看着他，目光溫柔而慈祥。聽完他的話，傳奇哥緩緩點頭道："這是非常好的一個開始。看來你是用心的人，也是聰明的人。我們的秘訣，就是對規則的尊重和理解。一旦你能夠遵守這個遊戲規則，很快就可以積累到人生的第一筆財富。你，幹得不錯，要繼續努力！"説這段話的時候，大師的風範似乎正在從他身體的每一個毛孔裏緩緩噴射出來。

在華生看來，這種"坦蕩平和"的做派，再加上微微的笑容以及穩定的目光，的確是一套很好的"殼"。既然已經感覺到"殼"的存在，那麼最有意思的事情，當然是扒開殼看看了。

恰好，這時候秋虎湊過來介紹道："傳奇老師，這位是我和磊子的朋友——張華生，現在是一家大公司的 HR，聰明能幹。"

接着，又扭頭給華生介紹道："華生，這就是我跟你講的朋友，傳奇老師。他在圈子裏就是活的傳奇，去年一年就掙了 800 萬。更重要的是，傳奇老師會把他的本領和人脈都教給我們，我們有朝一日也可以做到他這樣的級別。"

"傳奇哥"仔細聽完秋虎的介紹，這才正式邁步過來，伸手與華生握手。華生感覺到，他的手掌肥大而溫暖，但握手的時候軟軟的，並不用力。華生判斷，看來這位傳奇人物平時沒有甚麼運動的習慣。

傳奇哥周到地握好手，開口道："我看你光彩照人、神氣內斂，應該是非常具有智慧的人。初次到我們的大本營，我們好好交流一下。請坐，請先允許我介紹一下我們的組織和運營形式。"

華生一直在仔細觀察着對面的三個人，包括秋虎和磊子。當傳奇哥語速緩慢地講完這句話之後，所有的人似乎都進入了一個非常莊重肅穆的氛圍，依次落座。這樣一來，華生就不好特立獨行地站着了。"看破不說破；不是必要，也不要把事情做破。"這句話是華生最近越來越明顯的感受，較之之前的"看破不說破"，又有了一個新的提升。

所有人坐好之後，傳奇哥説："我們的團隊，是精英的集合，是團結奮進的集體，是智慧的疊加平台，歡迎新成員的加入。"

他的話音剛落，身後的兩個人立刻站起來，手背後、腿跨立，像是某種軍姿。看到這兩個人一動，秋虎和磊子也立刻起身，站成同樣的姿勢。華生知道，這應該是某種儀式，也就跟着站起來，只是沒有把手放在背後，僅僅是站成平常自己隨意的樣子。

傳奇哥見所有人都站好，特意自下而上地打量了一眼華生的姿態，竟然也緩緩起身站成了同樣的姿勢。突然之間，傳奇哥彷彿一下子亢奮起來，握起拳頭鏗鏘有力地大喊道："好！很好！非常好！"他每喊一聲，其他的人就跟着用同樣的神情和音量重複一遍。這突然的爆發，讓華生心裏嚇了一跳。

見華生沒有跟隨做動作，其他人都停下來，傳奇哥溫柔道："小兄弟，要快速融入團隊的話，就請跟我們一起，先來調動一下身體裏的熱情和潛在的能量，這樣我們才能沒有絲毫障礙地成為一家人。"說罷，他再次恢復到神聖的狀態，握緊拳頭大喊："好！很好！非常好！"

其他的人也都充滿着神聖的情緒，虔誠地跟隨着大喊。

這一次，華生調動了演技，模仿着他們，比較用力地跟隨着喊了出來。所有人的聲音融匯成一片，似乎更有力量了。傳奇哥滿意地看了一眼華生，微微點了點頭，嘴角輕輕上揚。

華生自己的感覺呢？

雖然是強力要求自己做出的大喊，但的確在喊完之後能夠感受到心跳加快、血液循環加速、人變得興奮了一些，腦袋後面微微發麻，可能是喊的聲音和聽到的聲音都太大了。正如同"勝敗反應"中對勝利者應激反應的描述一樣，人在勝利之後會因為交感神經系統變得興奮而不由自主地做出高消耗的動作；反之，可以調動肢體動作和聲音表達的高消耗動作，也能強行拉高交感神經系統的興奮值。這樣一來，大家就可以快速情緒高漲，便於接受洗腦了。

華生心中暗暗稱讚，這方法妙啊！

表面上，他當然會表現得很好，用來繼續深挖一下。於是，他也微笑着衝傳奇哥點點頭，表示對讚許的感謝和驕傲。

傳奇哥看到這個表現以及後來的回應，感到非常滿意。虛按雙手示意大家落座。

所有人坐定之後，傳奇哥開始介紹所謂的"遊戲規則"。他講得很認真，華生聽得也很認真。大意上，就是先繳一筆錢5萬元，獲得會員資格；有了這個資格之後，會獲得系統化的培訓，然後接受考核；一旦考核通過，就可以尋找更多的朋友，介紹他們加入會員，新會員交的錢是介紹人重要的收入來源；如果介紹的朋友數量和質量都很高，大家積極踴躍地交錢入會，那麼達到一定的標準之後，再次通過培訓和考核，就能升級成為更高層的會員。

說到這裏，傳奇哥命人抬來一塊白板，開始在上面寫公式。按照這個數學公式的算法，當你站到第四層的位置上時，因為幾何級數的增長速度，一年的純收入可以達到 1000 萬。

講到這裏，傳奇哥微微謙虛地笑了一下，說道："說來慚愧，我去年剛剛通過第四級會員的考核，但年收入還沒有破千萬，僅僅只有 800 萬而已。見笑，見笑！"

華生快速瞥了一眼其他人，發現他們的眼神中都散射出了艷羨的光，整個人沉浸在崇拜和幻想的空間當中。華生連忙也做恍然大悟狀，表現得連連點頭，並把嘴保持成圓形，發出"哦，哦"的聲音，再加上幾下眨眼，就成了一副"乍一聽沒懂但非常嚮往"的樣子。

看到這個反應，傳奇哥更加放心了，挺了挺胸膛、抬了抬下巴、笑得加深了一些，而且這次的笑不再僅僅是抿着嘴唇，還加上了眼睛的動作。看得出，他是真的認為自己第一步的說明已經成功俘獲了一枚新兵，內心非常喜悅。

華生突然問道："傳奇老師，那麼，如果站在第五層的位置上，按照您的這個說明，我估算了一下，豈不是年收入要超過 6000 萬？這太讓人嚮往了！"

聽到這個問題，傳奇哥眼睛都放亮了，立刻用食指點了點華生的方向，高興地說："看來，你真是個聰明人。這是我第一次在初級課上聽到這樣的問題，你算得很快啊！”説罷，掃視了一眼其他四人，他們都各自躲開眼神，輕輕咳幾下化解掉這種壓力。

傳奇哥繼續説：“我們這個體系，之所以和其他的銷售體系不一樣，就是因為——我們沒有第五層！傳統的銷售體系是三角形的，一旦有人站在頂峰的尖上，就會出現非常嚴重的問題——那個人的收入規模會破壞掉整個體系，造成嚴重的危機。所以，我們的創新之處就在於，整個銷售體系是梯形的，當我在第四層上完成我的使命之後，就是我退出之時。雖然，那個時候我必須要按照規則離開我們的團隊，但是我和大家一起奮鬥的過程，以及這期間所經歷的酸甜苦辣，都將是我的人生中最寶貴的財富，也必將成為你們這些後來人的寶貴財富。讓我們，為了人生的輝煌，奮鬥！”

這段話也不知練過和説過多少次，但聽來仍然充滿激情，傳奇哥的表情也莊嚴肅穆，完全看不出有任何敷衍和勉強。

華生在想，也許，他是真的相信自己所説的話？如果掙到 800 萬的年收入是真的，那麼他就沒有懷疑的理由，因為所有他剛剛所講的“理論”，都活生生地實現了。較真兒的話，這就不算是説謊。

華生還在思考這件事情裏面到底哪裏出了問題，傳奇哥卻瞬間注意到了他的分心。他看到華生的神情，微微有些緊張，向前邁了一小步後停下，歪着頭又亮出周潤發般的微笑，問道：“怎麼，你有心事？在想些甚麼？我們已經成了一家人，要互助互愛，資源共享。你不用有顧慮，有甚麼不明白的儘管問。”

他這樣一説，華生連忙回過神來，轉而看着傳奇哥的眼睛。華生發現，傳奇哥的眼神很複雜，嘴角是“蠻有把握”的微笑，屬於“輕蒗"的情緒形態,但同時眼睛卻睜得很大,眉毛同時微微揚高,恰到好處地表達了期待和鼓勵;除此之外,還有些許"備戰"的警惕,準備着聽華生提的問題。

華生大腦快速一轉,想到了一個好問題之後,當即說出:"傳奇老師,我現在非常願意繳納會費,更願意像您一樣成為人中龍鳳。但是,我想知道,交錢之後除了能夠接受專業的培訓,並獲得整個組織的支持外,還有沒有甚麼比較'硬'的收益?比如,一般去化妝品、服裝店之類的地方辦會員卡,都能買東西打折,有的時候還送東西。簡單地說,就是辦卡比不辦卡更划算。咱們這個系統有沒有這樣的福利?"

聽到華生問的問題是這個,傳奇哥鬆弛地笑了出來,他豎起大拇指說:"好問題!孺子可教也!這也是我們這個體系最最特別的地方。其他的銷售體系,都是自己人買賣產品,賺的是自己人的錢,利潤又低下,是一種內耗。你知不知道,一塊麵包分給兩個人,每個人就只有半塊。物質就是這樣,總量有限,禁不起分享。可是,如果是一種知識、一道精神、一套方法、一片視野、一種境界呢?當我看完一本書,把這本書傳給你的時候,就有兩個人擁有了這本書!"

講完這段話,他用驕傲的目光掃視了一下在場的所有人。在他的目光掃視之下,大家都連連點頭,華生也悄悄抹除掉臉上的不屑神色,那是配合着內心湧起的"雞湯"二字自然泛起的些許鄙夷。

傳奇哥看到大家的反應,非常滿意,提高音量地強調道:"所以,我們不會銷售實體的產品,我們的會員權利,就是精神的分享和提升、就是境界的不斷提升、就是知識的互通有無,幫助每一個會員在通往人生至高理想的道路上，排除障礙、減除心魔、克服困難、找到方法、找到夥伴、找到精神力量，最終實現卓越和超群！"

一段豪邁的語言之後，伴隨的是望向遠方的視線，傳奇哥久久沉浸在其中，持續數秒。旁邊的小夥伴們也都隨着這麼蠱惑的語言而陷入遠大目標的聯想之中，嚮往的神情表露無遺。

傳奇老師突然回頭，注意到華生並沒有做出神往狀的反應，他略微有點着急了，竟然用眼睛盯着華生，快步走近後大力一拍華生的肩膀，威懾性地問道："怎麼樣？我有沒有解答你的疑惑？"

華生心裏有了第一個答案：設計好騙局的人，在整個施騙的過程中，是敢於看人眼睛的。不光是敢於看對方的眼睛，還會用盡所有的表達，比如語氣、語音、節奏、言辭、肢體動作，甚至數學公式等高端工具，目的就是為了讓對方相信自己的騙術。在這個過程中，他們要不斷觀察和判斷——對方有沒有中招，有沒有相信自己的騙局。如果有任何一點質疑或偏離，他們需要在第一時間知曉並調整後續施騙策略。

其實，這樣有預案的騙局，行騙的人和演員是一樣的，有着充分的心理準備。普通的挑戰和質疑，也在他們的預案當中，所以基本上不會心慌失控。再加上，這種局不似臨時施騙那樣，一旦失敗就會遭受懲罰。這種設計好的騙局，即使有甚麼風吹草動被懷疑，施騙的人也可以輕鬆撤出，不會有大的風險。所以，設定騙局的人往往心理穩定，方法成套，步步為營，最終"潤物細無聲"地把人洗腦成功，甚至讓人無法明白自己已經被騙了。

3. 找準"刺激源"，將計就計

華生看夠了他的殼，心裏面想要冒個險，試試看能不能刺激一下這位沉穩鎮定、富有經驗的傳奇老師，看看他真實的應激反應。於是，華生皺着眉，偏側着頭，用比較硬的視線盯回去。這個強硬的抵抗讓在場所有的人都吃了一驚，包括傳奇哥。

傳奇哥顯然非常吃驚，頭微微往後一仰，同時微微吸了一口氣，張開嘴打算說點甚麼。

華生暗道："凍結反應和逃離反應！"華生馬上就知道了，對面的這個人，殼根本不硬也不厚，也許僅僅是因為許久沒有人來質疑他，所以他的心理素質並沒有理論上那麼好。這樣一來，就好辦了。

華生搶在傳奇哥前面，開口說道："我懂了。"

這句話一出口，所有的人都鬆了一口氣。傳奇哥的目光也變得溫柔了下來，反倒是對自己剛才的微怔感到些許尷尬，只好用手輕輕地在華生肩膀上連拍三四下，口中無謂地重複道："嗯，好，孺子可教，孺子可教啊！"

華生接着又說："也就是說，我們交錢入會，相當於交學費上學，能夠學習到很多知識。然後我們再找更多人來繼續上學，一邊從他們身上收取更多的學費給自己發工資，一邊培養更多的未來可以講課的老師。如此，子子孫孫，無窮盡也。您看我這麼理解，對么？"

傳奇哥的眼睛一直盯着華生，臉上已經有些扭曲，微微的橫肉在跳動，幾不可見。

在華生看來，他的眼瞼一邊被皺起的眉毛下壓，一邊又在努力睜大，且視線長時間集中於自己的身上，這是典型的憤怒表情。再加上華生看到他全身的肌肉都僵在那裏，已經蓄積好了力量，但卻不知道該如何發作，最明顯的莫過於那雙肥大的手，現在已經緊緊握成拳頭。這是"戰鬥反應"裏面的"戰鬥準備"反應，也是憤怒情緒的一種典型表現，映射着進攻和毀滅的慾望。

華生明白，憤怒是面對威脅產生的應對機制。這意味着，他剛才的話威脅到了傳奇哥，所以刺激得他產生了拼鬥的心，用來維護自己的利益。

事實上，這種綿裏藏針的語言，的確特別好用，在心虛的人面前，稍加刺激就能讓對方情緒失控。

傳奇哥大概想了很久，沒有找到發飆的藉口，於是沒有說話，轉身憤憤離去。在出門的一瞬間，回頭狠狠盯了秋虎和磊子一眼，嚇得兩個人連忙低頭避開那犀利的目光。

華生看在眼裏，輕蔑地一笑。

傳奇哥走了，兩個隨從卻留了下來，坐在門口的沙發上，一動不動。看來，這是老規矩，有不服氣的學員，要採取強制措施了。

秋虎和磊子互相看了一眼，都撇了撇嘴。

這個動作在華生看來，至少有兩個含義，一是"有點麻煩，不好弄啊"，二是他們準備要行動了。

為了避免造成 1：4 的局面，華生轉身回到一間臥室裏，進屋之後，就順便把每個角落都掃視了一遍，用手滑過了所有的桌面以下和座椅周圍，大概沒有發現甚麼可疑的電子器件。

其實，華生在這方面是白癡，只是看偵探小說和電影多了之後，有個基本的意識。如果人家真的要安裝甚麼偷拍、偷錄的設備，憑他這樣的防範措施，是發現不了甚麼的。

果不其然，秋虎和磊子沒多久就一起走了進來。

秋虎先開口，看來他應該比磊子還要早一些進入到這個系統，是磊子的上級。

而這次約會，是磊子先找到華生提出的，現在看來，磊子很有可能之前就和秋虎商量好了，把華生帶來做自己的第一個“投名狀”。

一想到自己被這樣騙過來作為孫代傳銷節點，華生心裏就覺得噁心，也非常憤怒。見到二人進門後一副猶豫不決的樣子，知道對付他們不會有問題，華生就一門心思在想怎麼脫身了。

秋虎說：“華生，你剛才怎麼那樣說話啊？傳奇老師現在生氣了，這樣很不好。”

華生摸到了自己褲袋中的手機，又看到客廳裏那個畫有梯形的白板還在，心裏已經有了主意，連忙裝作驚慌失措的樣子說道：“啊？我說怎麼覺得好奇怪，傳奇老師是生我的氣嗎？我說錯了甚麼是嗎？呀！真對不起，快把他叫回來，想必是誤會了。我很欣賞老師，也對這個體系非常感興趣。還有機會解釋嗎？”由於在學習過程中特意訓練過把眉毛鬙起的這個動作，所以華生在表演驚慌失措的時候，表情是非常逼真的。

見到華生的這個反應，兩個人明顯鬆了一口氣。磊子趕忙確認一下，問道：“真的嗎？那我得趕緊跟傳奇老師說一聲，別回頭也連帶着生我的氣！”

　　華生心裏無奈地搖搖頭，暗道：“蠢貨！”但表面上卻連連點頭道：“快去替我解釋一下。要不要我親自跟老師説？”

　　見他這樣，兩個人彼此對視了一眼，表示放心，然後秋虎説：“沒事，我們先替你説。你如果要加入，傳奇老師是很大度的，會馬上回來，我們晚上可以接着上課。你先在這裏等一下。”説罷，二人退出了房間，並特意關上了門，應該是去給傳奇哥打電話了。

　　華生趕忙趁着這個機會，跟了出去對門口的兩個兄弟説：“我想把這塊白板仔細再學習一下，可以嗎？”

　　見他如此虔誠，兩個人又用視線朝着秋虎和磊子看了一眼，得到認同後，點頭認可，還幫忙把白板抬到屋裏。

　　華生等他們一出去，立刻從裏面鎖好門，隨即撥打了報警電話。

　　等到傳奇哥再來的時候，華生沒怎麼費力就和他打得火熱，頗得賞識。不過，沒過一個小時，警察就把一屋子人堵在了屋裏。第二天的新聞報道中，特別醒目的標題是“青年智鬥傳銷巨頭，抓獲特大傳銷團夥！”

篇章三

職場風雲戰

第13章

閱盡“千人千面”

　　華生之前曾一度認為，動物們是因為大腦不夠發達，所以無法做出社交價值判斷，而只能用餓不餓、疼不疼、冷不冷、發情不發情等最直接的生理感受來驅動行為。因此，研究人的決策，要比研究動物們單一邏輯的決策要複雜得多。

　　但是，後來隨着"見真人"、"見真事"的積累，見到人們在真實情境中的情緒表現，對於華生來說，簡直是收穫不斷。受過高等教育的職場精英們也會有情緒，只要事關利弊取捨，形形色色的反應幾乎涵蓋了所有的情緒表現，被肯定的喜悅、被調查的驚訝、競爭者之間的互相輕蔑、據理力爭的憤怒、回答不出問題的恐懼、無望的悲傷，再加上要表現得積極自信大方得體，人們的各種自我控制和壓抑以及真實心態痕跡的洩露，源源不斷地被收到華生的記錄當中。

　　到後來，華生發現，即使受過高等教育，即使思維非常複雜，人的情緒反應也是一層最直接的邏輯——沒想到的驚訝，有利的愉悅，有害的各種負面[102]。

　　上班的時間，華生幾乎閒不下來，很多文案工作和跑腿的工作是必須要做的事情，新入職的員工尤其如此。戴猛並沒有表現出明顯的偏頗，這讓華生鬆了一口氣，因為他知道，如果老闆有傾向性，自己會很難做。

　　基本上，來人事部門談話的人，都是抱着負面情緒來的，他們的

102　在負面情緒的曲線中，如果當事人感受到負面刺激源不如自己厲害，就產生厭惡情緒；刺激源和自己差不多厲害，就產生憤怒情緒；刺激源比自己厲害，就產生恐懼情緒；刺激源已經造成了無法挽回的損失，就產生悲傷情緒。

訴求其實很明顯，但又不願意明説。華生一開始會本着樂善好施的幫助原則，以服務的立場和態度，謙虛友善地迎接這些談話對象。但他發現，這樣的處理方式會讓事情結果變得很糟糕，遇到不講道理的爭吵算是輕的，有的員工竟然會採用一些極端的表達方式來提出脅迫要求。一旦遇到跳樓、撞牆、摔東西的，華生還得交給經驗更豐富的同事來處理。

華生在積累經驗和教訓，同時也在通過觀察戴猛和其他幾位高級主管的處理方式進行學習。他逐漸發現，真實的情緒表現規律很強，學術界前輩們對表情、肢體動作以及語音等表現的總結，很多都被不斷驗證。只不過，通過表情和動作來判斷真假，其實並不是應用中最炫的部分，有的時候真話假話一目了然。最炫的部分，是如何在對話過程中，觀察和分析對手的情緒，進而用特定的問題和方法控制對方的情緒，最終引導和控制他做出決策。

華生尤其愛參與招聘面試。因為在面試的時候，絕大多數情況下他都可以理直氣壯地錄像。單憑這一點，就已經讓華生亢奮了。

有的時候，華生會拿着經典案例找戴猛，兩人一看就是一夜。所以，真刀真槍的磨練，讓華生進步得特別快，有的時候對面試者心態的把握，比戴猛還要準確。有一次，戴猛特意挑選了五個面試的片段，讓華生看完之後給出自己的分析。

一號：慚愧

問："之前沒有細看，因為你的績點並不突出。現在逐項看每個學期每門課程的成績，才發現都保持在 85 分或者優等級以上。這個成績對於應屆畢業生來講，是非常不錯的。可是績點為甚麼偏低呢？"

面試者聽到一半，就已經知道面試官所問的問題了。他低下頭，眼睛朝自己的指尖看了看，復又抬起頭，抿着嘴笑了一下。隨後，剛才還向上彎起的唇間線就變平，然後繼續變得微向下彎，下巴上的肌肉鼓起來，皮膚表面產生了許多凹凸不平的丘壑。儘管還努力保持着笑的樣子，卻顯得有點勉強。

他把雙手在大腿上安靜地放着，不好意思地解釋道："我其他的課都非常努力，成績尚可，也的確學到了東西。只是政治學這一門課，實在是無法按照考試大綱來準備。不是我懶，教材我通讀了兩遍，參考文獻也看了不少，但是總覺得那些東西進不了腦子，出不了筆端。所以，只政治學課一門將將及格，才 60 分。其他課的績點都在 4 左右，但這門課就只能得 1 個績點，再加上它的學分又多，所以……"說完，本就鼓起的下巴上那團鼓包，又聳了聳。

華生點評道："唇間線向下，嘴角向下，頦肌收縮導致下巴上起褶皺鼓包，配合着笑容，表達了他的慚愧。他的確覺得這門課的績點拉低了平均值，有點對不起觀眾。但是，骨子裏對政治學課考試的厭惡還是很明顯的。"

戴猛點頭說："績點低在招聘時對他而言不是好事，他又沒法改變，所以慚愧，屬於悲傷類情緒。"

按："績點"是評估學習成績的一種方法。部分高校用的計算方法是：績點 = 分數 /10-5，學分績點 = 學分 * 績點 = 學分 *（分數 /10-5）（90 分以上按 90 分計算）。

二號：後悔

問："你是有工作經驗的，而且在之前就職的公司的業績相當不錯，為甚麼這次來參加應聘？"

應聘者把頭略微偏了一些，視線轉向斜下方，眉毛微微蹙起，"嘿嘿"地笑了兩聲，解釋道："我三年前畢業的時候，錯過了一次正確的選擇。當時有一家創業的小型公司已經決定要我了，而且條件豐厚，還有股權承諾。不過我沒死心，就拖了一天。等到這家大企業的確認錄用通知一到，就把那家小公司婉拒了。當時，家裏人和女朋友都說企業好，收入不錯又穩定，而且說出去有面子，我也就隨了家人的意願。進去之後才知道，問題很多，我已經很努力了，但位置和收入還是不能流暢地提升，因為有很多干擾因素。前不久聽說，那家創業公司已經上市了。當初入職的我們班一個同學，現在身家已經逼近一億。"

說到這裏，他明顯有些氣滯，眼睛瞇了瞇，漫無目的地向四周游離了幾下，眉頭蹙得更緊了。他撇了撇嘴，下巴上的鼓包有點顫抖，長長地吁出一口氣，繼續說道："不過，也沒甚麼好後悔的。我和家裏人商量過了，要麼混吃等死，要麼出來施展抱負，將來結婚生子買房子，還有很多大事在後面等着呢！我覺得自己適合這個崗位，所以就來了。"

　　華生點評道："眉頭蹙起，後來變緊；眼睛瞇起，再加上嘴部的形態，也表達了悲傷類的情緒。儘管嘴上説不後悔，但其實這麼大的差距，足夠讓他有後悔的心。"

　　戴猛説："錯過這麼好的機會，尤其是還有同班同學作比對，的確會後悔，也屬於沒有辦法改變的不利局面。後悔也是悲傷類情緒的一種。"

三號：無奈

　　問："您之前在學校裏任教，為甚麼會考慮到我們公司任職？"

　　面試者苦澀地笑笑，鼻孔裏短促地吐出兩口氣息，蹙着眉半閉着眼睛，聲音裏也透着悲傷："我其實挺熱愛教學工作的，學校雖然工資低，但時間比較自由。不過，我夫人的戶口在外地，我是學校的集體戶口。當我們兩人決定要生小孩之後，就打聽了辦理准生證和將來給孩子辦戶口的手續。這一問，才傻了眼。政府工作人員給出的答覆是，如果女方是北京市戶口，可以在北京市辦理准生證；如果女方是外地戶口，男方是北京市獨立戶口，也可以在北京辦理准生證，但如果男方是北京市集體戶口，就不能在北京辦理准生證。"

　　説到這裏，他的眉頭蹙得就更緊了，眼睛裏有亮晶晶的東西。可能他意識到自己的失態，連忙整了整神色，繼續説道："我不死心，又多方打聽，才知道也不完全是。像我這種集體戶口要辦理准生證也可以，條件是要學校開具接收孩子落戶的同意書，政府就給辦理。因為，這意味着孩子生下來之後有地方落戶。我心説，好啊，這就是我和學校內部的問題了，總該比在外面碰壁簡單些。"

他講到這裏，停了下來，把頭低下去，嘴唇緊緊地抿在一起，似乎用了很大的力氣才控制住自己的身體和氣息，繼續説："可誰知道，學校根本就不給開，還説之前就沒有過。要想辦孩子的戶口，自己必須買房子，必須有獨立的戶口。我雖然是名校博士畢業，但每個月就那幾千塊錢，在北京養活自己就不錯了，哪裏能買得起房子。當初選擇留北京、留學校，就是圖為孩子準備好的教育資源，沒承想，別説教育，連生都生不下來！"

説完，他的氣息已經微微哽咽，眼睛裏的失神一望可知。

華生説："辦准生證這件事情讓他很無奈。眉頭蹙起，眼瞼閉合，呼吸出現抽噎痙攣，聲音低落，又歎氣，這些特徵都符合悲傷類情緒的表現特徵。無奈也是對不好的事情沒有辦法改變，無法避免結果。"

他看了戴猛一眼，接着説："您不用問，我已經知道了悲傷情緒的評估結果。"

四號：失落

問："非常遺憾。其實您的條件和另外一個人幾乎完全一樣，面試和筆試的分數也完全一樣，只是，我們的招聘啟事上寫得很明白：相同條件下，擔任過學生會幹部的優先錄用。您只是擔任過班級的學習委員，所以這次沒辦法了，抱歉。"

應聘者沒有説話，呆在那裏大概有十幾秒鐘，全程都有眉頭的蹙起和眼瞼的閉合，嘴角也抑制不住地向下抖動。也許是為了抑制自己的情緒表現，他的眉毛和眼睛部分的肌肉，出現了自己和自己抗爭的動作。

華生點評道：“眉頭蹙起、眼瞼閉合以及嘴角下拉，這毫無疑問是經典的悲傷類表情。具體到他自己的感受，應該叫做‘失落’貼切一些。甚麼都好，只差一點點無緣這份工作，不全壞但壞的那一點讓他無法爭辯，這大概就是失落的感受吧。不好的結果，又無法改變，就是悲傷。”

戴猛在旁邊點點頭，不再插話，等待着華生自己把剩下的素材分析完。

華生在播放最後一段錄像之前說：“經過這麼長時間的積累，我也很難找到特別大的沒有掩飾的情緒表現案例，我想可能是因為局限於面試找工作這樣的經典‘社交情境’，不會有人表現出像失去親人那樣不顧一切的悲傷。不過，幸運的是，還是有一例很接近飽滿悲傷情緒的案例被我碰到了。”

五號：悲慟

問：“非常抱歉，我已經跟您解釋過了，這個崗位是之前的主管申請的名額，但是，他現在離職了，所以經過總部批准，這個崗位也就不再需要了。我們一週前通知過您了，當時您不是表示理解嗎？”

答：“可是！……他離職是他的問題，我為了這個崗位，辭掉了原來的工作，全力以赴、夜以繼日地準備了3個月的時間，我一定可以通過考試的,我一定能勝任這個崗位的!求求你們再給我一次機會,我保證能給公司作貢獻,我為了這個崗位付出太大了。"

在說到最後幾個字的時候,他已經握緊了雙拳,似乎壓抑着心中要爆發的能量,把雙眼用力閉緊,以至於眼瞼互相擠壓形成了深深的褶皺,同時牙齒緊緊咬在一起,那力量似乎能咬斷任何不服從的對手。儘管面目非常猙獰,但眼角卻滑落了連顆的淚珠。一個大男人!一邊發着狠,一邊卻流着淚!

問:"給您帶來這樣的困擾,真的不好意思。不過,招聘名額並不是我們決定的,我們已經跟您解釋了幾遍。希望您能諒解。"

應聘者像雄獅一樣怒吼了起來,似乎用盡了身體裏的全部能量:"我不管!你們發佈的招聘信息!你們承諾的年薪 30 萬!你們公佈了詳細的考試內容!還有日期!憑甚麼那個甚麼主管走了就不再招聘了!我現在沒有工作了,還有老婆孩子要養!孩子才 5 歲,正是要上學的時候,我怎麼辦?!你們要負責任的!"

吼完,他的所有能量也耗盡了,緊握的雙拳也緩緩鬆開,直挺挺的身體似乎一下子就癱軟了,倒在椅子裏,就那麼蜷縮着。整個人像是被抽乾了血液一樣,只是縮在那裏抽泣和發抖,眼睛不再那麼用力地閉緊,就只垂着眼簾,任憑淚水在下巴上聚集,視線看着地面,卻不再兇狠地盯着面試官。

問:"對您的遭遇,我們真的不好意思。不過,招聘的公告頁上,我們有免責聲明,'一切最終解釋權歸本公司所有'。我們也不是有意要刁難誰,真的沒有辦法了。"

其實,這個面試者是理解箇中緣由和權責的,他自己也知道沒有任何辦法可以挽回局面，只是面對着自己的決策失誤，他不知該如何發洩心中的不平。等到這一切都發洩完畢後，就只能黯然神傷了。

華生點評："這個大概算是極點了！我注意到，他的眉頭強烈蹙起，並且保持了很長時間，眼瞼卻是閉合的，還有淚水、痙攣的呼吸，以及無力頹廢的身體，都是悲傷的經典表現。尤其是，我注意到，他在嚎啕痛哭的時候，下嘴唇果然是 W 形的，兩側嘴角高，中間部分也高，所以只能看到兩側的後牙，卻看不到中間的下牙。這和我在很多文獻上看到的描述是一樣的。不過，我卻有個問題想不明白。"

戴猛問："是不是關於憤怒的那個部分？"

華生對於戴猛的默契和理解完全不感到意外，徑直問道："對啊！我覺得最有意思的部分，也就是我一直不明白的地方是，既然知道無望改變不利局面，既然是這麼大的悲傷情緒，為甚麼會有強烈的憤怒行為呢？咬牙切齒、歇斯底里、雙拳緊握、全身肌肉繃緊。這種憤怒理論上只有在利益受到威脅時才會出現，而不是已經成為既定損失的時候才會有啊！"

戴猛思考了一會兒，似乎也體會到了當事人的悲傷和絕望，幽幽說道："社會活動中的悲傷情緒，往往會導致憤怒的情緒誕生，我想，這是因為，社會事務的刺激源，總不會讓人一下子就徹底絕望，這和生理上的傷害不一樣。社會事務實際上是一層一層的規則組合，當事人對這些規則或多或少的認知，會讓人覺得或多或少有更多其他的解決方案，所以一旦不如意，會迅速產生其他想法。像這個案例中，他為了這個烏龍崗位而損失巨大，他會轉而去想，自己做錯甚麼了？誰應該承擔責任？這種局面有沒有其他方法可以改變？除非是自上而下的強大壓力導致絕望，比如過去皇帝的聖旨，否則不會一下子打擊到人。”

華生聽到這些絲絲入扣的解析時，已經明白了剛才錄像裏的應聘者為甚麼會有一瞬間像獅子一樣暴跳如雷，也明白了他在逐漸明白了各種可能性都被否決之後，為甚麼就進入了頹廢的狀態而不能自拔。

就這樣，華生在公司裏面幾乎甚麼都參與，從招聘到離職，從制定薪酬規範到充當知心姐姐和不開心的員工談話，幾乎每天都是滿的。他非常喜歡和人談話，也會像當初做動物實驗一樣細心，會把每天的工作狀況記錄成簡單的日誌，關鍵的人、關鍵的事，以及自己的做法和一些感想。

一段時間下來，華生所參與的各類談話數量，幾乎是他這個職位級別裏最多的——除了自己主談之外，很多時候戴猛在找人談話的時候，會要求他一起參與。隨着時間和案例的積累，華生不知道的是，自己的本領已經開始飛速增長了。

第14章

"內審"心理攻防戰

　　某日，華生一上班，就被戴猛叫到辦公室。

　　華生一進屋，看到總部分管人力資源的總裁助理也在。他姓勞，是一個滿臉青胡茬的硬漢形象，有點像影星王敏德，只是一雙眼睛沒有那麼大，總是會很長時間地盯着你看，讓人心裏覺得沒事也毛毛的。

　　見華生進來，戴猛向勞總介紹了這位新晉的優秀員工。勞總雖然是戴猛的直接老闆，但對戴猛還是明顯讓人感到溫和、隨意，只是眼光一旦聚焦在華生身上，華生就立刻覺得有點壓迫感。

　　戴猛說："老闆，這個案子您親自去看，說明有分量。我想帶着華生一起，既是多個幫手，也能帶帶新人。他很聰明，人又好學又謹慎，有培養前途。您看可以嗎？"

　　經過剛才的一番打量，勞總可能對華生的第一印象還是不錯的。很少有新員工能夠在自己的目光下表現得那麼坦蕩，更多的人是會束手束腳，生怕被無端挑出甚麼毛病影響了自己的前程，甚至有的人像是已經做了虧心事一樣。大家越是這樣，勞總就越覺得自己的架子不好放下來，長期以來也就形成了一副冷面孔。倒是這個戴猛推薦的人，眼神裏面很清澈，身體又不侷促，渾身上下隱藏着機靈勁兒，一看就是個會動腦子的人。

　　於是，勞總點頭表示同意，說道："老闆只是讓我找你，囑你親自跟進這個案子，然後向我彙報。第一次肯定要我帶你去的。至於怎麼跟進，那是你的問題，我相信你能搞得定。他應該不錯，你的眼光向來高，願意帶就帶他去，"他說到這裏，突然把視線轉移到華生臉上，接着說，"是你的好機會。多跟你們戴總學習，前途無量的。"

這個大幅度的對話跳躍，嚇了華生一跳。雖然只是聽了個大概，但華生明白又有好機會學習了，而且聽起來像是甚麼高級別的案子，自己也很興奮。很顯然，一系列興奮的表現都難以掩飾地出現，比如心跳加快、血流加快、呼吸有加強的趨勢、肌肉興奮、感覺到腦袋有點熱、嘴有點發乾。此外，雖然表情自己看不到，但可以肯定的是有瞳孔放大、眼瞼提升、視線關注提高，同時配以想要笑的嘴角拉扯動作。

勞總似乎也注意到了華生這一系列瞬間的變化，很快就把目光轉移回戴猛身上，似乎已經不再將華生放在心上了。也許是因為，太多年輕人在他面前表現出過這種衝動，又有太多年輕人僅僅表現出了這種衝動，他已經習慣了。他問了一句："那我們現在就過去？"

說是詢問，其實就是命令。戴猛和華生已經把自己需要用的筆記本和攝像機都帶好了，馬上答道："好。"華生搶前一步，替老闆的老闆和老闆開着門，等二人先後出去了，才反身把門帶上，緊緊跟隨着。儘管，他還不知道即將面臨的是個甚麼狀況，但是跟在兩人身後，隱隱覺得風雲驟起。

沒多久來到公司的 12 層，華生抬眼一看，入口處掛牌"內審部"，門口已經有人迎接。進入之後，不知道是因為空調涼，還是因為一片藍灰色的裝修和辦公家具，再加上安靜的工作團隊，讓人覺得背後一股寒意。

勞總直接把戴猛和華生帶到部長辦公室，和內審部的部長進行了簡單的會面，介紹了戴、張二人並說明來意，即開始請部長介紹案情。

部長是個四十多歲的中年人，樸實的平頭和框架眼鏡，全身上下沒有任何顯眼的地方。介紹案情的語言，也很樸實：「這個案子目前只是剛剛開始接觸，還沒有太大把握。但是，為了防止事態擴大失控，我們還是上報了領導，領導批復可以接觸。因為涉案的對象，是我們公司在南美洲的一把手，所以算是比較大的案子了。」

勞總插話問道：「黃敏？這是 2004 年我招聘進入公司的老員工了，還曾經跟過我半年，算是熟悉的人。具體說說。」

部長點點頭，繼續道：「他涉嫌出賣公司的信息給競爭對手。最主要的依據有三個：一是近期的文件監控記錄顯示，他訪問公司的機密信息頻率異常，而且登錄時間也明顯加長；二是他曾經違反公司規定，把資料硬盤帶回住所，因為是一把手，沒有人阻止，不過還是登記了，但到底是違規的；三是最近他和女友結婚了，買了海邊別墅和豪華越野車。」

勞總再問：「前兩條有問題，最後一條怎麼回事？為甚麼算是調查依據？」

戴猛知道，這個場合還沒有輪到自己說話，因為是內審部部長在向勞總彙報工作。不過他所想的問題，和勞總不謀而合，所以愈發關注部長的解釋。

部長應答道：「如果僅僅按照收入來計算，倒也並不離譜，但關鍵的問題是，他的女朋友之前也在我們公司上班，去年正是因為出售公司信息給競爭對手而被開除了，證據確鑿。」

四個人一陣沉默。

說實話，華生覺得每一條所謂的依據，都模棱兩可。也能解釋得通，也確實可疑。大概勞總也覺得目前的狀況比較棘手，所以眉頭不由得微微皺了起來。他扭頭對戴猛説："戴總，你覺得呢？"

戴猛見老闆問，不做遮掩地答道："如果只有這些'證據'，有一定難度。但個人聲譽與公司風險相比，應當未雨綢繆。"

勞總點頭，説道："我也是這意思。你們辛苦，有進展後戴總隨時向我彙報。不論是否確定，我們還是要以此為機會，完善一下公司的風險防範機制。你們忙吧，我下午飛香港，隨時可以電話我。"

勞總一走，戴猛和華生就被帶到了一間談話監控室。對這樣的房屋，戴猛是很熟悉的，因為當初設立談話室的時候，就是戴猛建議要把一間房屋一分為二，中間用監控幕牆隔開，幕牆可以通過開關改變單向/雙向通視。這是當初公司在參觀了美國、英國、德國等司法機關的辦案室之後模仿建制的，硬件水平好過很多司法機關。

幕牆的另一頭，兩名內審部的工作人員，正在準備談話用的各種資料，看來黃敏人還沒到。

部長還有其他事務，跟戴猛解釋了一下，向華生略微致意後就離開了。屋裏只有戴、張二人。

戴猛似乎是在自言自語，又似乎在向華生囑咐思路，他的視線穿過幕牆，娓娓説道："據目前的情況來看，主動權並不在辦案一方。如果不是因為牽涉到的人級別較高，風險的確大，我自己是不會建議在此時接觸調查對象的。目前手裏有的證據，都無法直接證明其有非法行為，雖然很可疑，但是只要調查對象給出的解釋一合理，就相當於我們的牌打完了。最大的可能是，就算對方真的做過這些事情，但他已經成竹在胸，包括內審部掌握了甚麼情況、會問甚麼問題，他都已經在心裏盤算過很多遍。否則，他也不敢大張旗鼓地結婚購房購車。”

華生問：“那您的意思是，這個案子不會有甚麼結果？”

戴猛緩慢地點點頭，表情稍微有點凝重，說道：“是這樣。我們公司內部調查，不同於司法機關。他們依據法律，可以有很多偵查權限，比如對嫌疑人的時間和空間約束，比如要求銀行等相關機構配合取證，再比如逐層升級的法律制裁手段。公司的調查，就是二分結果，有過硬證據證明事實，或者調查對象心理素質不好自己承認了，那就按公司章程處理；沒有辦法證明，人家又不承認，就一點辦法也沒有，調離、停職或者去職，也就是最大的‘懲處’了，還得支付違約金。所以，被調查的人往往都不會有很大壓力，除非是移送司法機關。”

華生是第一次接觸這樣的案子，似懂非懂地點了點頭。

戴猛繼續說道：“但對我們來說，這樣的案子也有價值。我們可以看看雙方的對抗策略，以及雙方的反應。包括調查對象的防守策略和反應，也包括調查人員的進攻策略和問題準備。無論結果如何，多見見總是好的。你不必有壓力。”

華生理解了大體局面後，心裏的不安消退了很多。他是個有責任心的年輕人，習慣性地想發揮作用推進調查，但確實也對調查結果沒有甚麼信心，所以一直有壓力。戴猛這一解釋，華生就明白，連戴猛都不太敢托大的事情，自己也不必過於操心。如此一來，他反倒能平靜下來，只關注技術層面的東西了。

華生猛然間想起了戴猛的最後一句話，問道：“老闆，你怎麼知道我有壓力！"

戴猛笑笑，道："眉毛一直皺着，不是有壓力是甚麼！"

正說話間，幕牆後的門開了，一個中年男子從容走進。進門後，他只是對房間環境略作打量，就沒有其他動作了，一臉的淡定。他應該就是黃敏。

兩名內審部的工作人員立刻站立起來，其中一名還從桌子後面走出來，迎上前去主動和黃敏握手。監控室裏的音響清晰地把隔壁的聲音傳回來，那人道："黃總你好，請這邊坐。"另一人也是一臉的笑意。

戴猛小聲說道："也對，也不對。過於禮貌殷勤，用在案情還不明朗的嫌疑人身上，是符合人情法理的。但是，這樣的態度無異於直接告訴對方，'我們並沒有十足把握拿下你'。否則，證據確鑿的案子，辦案子的人自然會是另外一副面孔。"

華生在一旁點頭，默默記錄在自己的筆記本上。

隔壁間的三人坐定後，先是按慣例的開場白和工作介紹，黃敏的反應就只有兩個字——平淡。不但語言、表情平淡，就連坐姿也沒有任何引人注意的地方，沒有雙腿分開的蠻霸，也沒有蹺二郎腿的傲慢，就是雙腿正常的略微分開，雙手搭在腹前，安靜地聆聽和回答。

戴猛小聲說："完全沒有做過虧心事的人，即便知道配合調查是最佳策略，也會出於對自己的保護而略顯積極，甚至是輕微級別的憤怒，畢竟這是對自己名譽、信任和利益的一種侵犯。完全不用力的平和表現，本質上是兩個字——控制。除非，他的心裏牽掛着更大的一盤棋。但是這種假設，不適用於當前的這個案子。"

華生聽懂了，工工整整地記在筆記本上。

隔壁間真正的盤問開始了。

內審的人問："據系統日誌記錄，你在去年 11 月至今年 3 月期間，用自己的賬戶訪問公司的機密信息次數非常多，而且每次登錄的停留時間也都很長，最長的一次超過 40 分鐘，最短的也有 7 分鐘。能解釋一下為甚麼嗎？"

黃敏一副完全平靜的面孔，聲音清晰但音量並不高地回答道："這是我工作職責的一部分。我的賬戶也有權限訪問那些數據。作為南美公司的負責人，我有權利在需要的時候了解公司的所有信息。這有甚麼問題嗎？"

戴猛小聲道："沒有明顯情緒變化。所解釋的原因，都是搬公司的規定來應對。除了最後一句反問略有進攻性之外，看不出甚麼異常。"就在他邊上架設的攝像機，把幕牆後面的一舉一動連同戴猛的聲音，都記載了下來。

內審的人繼續問："但是，在去年 11 月之前，你訪問這些高密級數據的頻率卻非常低，停留時間也大多為 3 至 5 分鐘。這種變化你怎麼解釋？近期的密集訪問，對於南美分佈的工作，有甚麼實質性的作用嗎？"

黃敏仍然沒有變化，只是回答的口氣異乎平常的冰冷："這位同事，你暫且不必着急。很多事情，並不是今天播種，明天就能收穫的，公司的事情尤為如此。長短期戰略目標的綜合執行，不是都要像秘書的工作那樣，今天做完明天就給領導用。我在這幾個月殫精竭慮地加班加點，所耗的心神還不都是為公司利益着想？難不成明天要和客戶簽合同，我今天才看資料做準備？近期登錄得多、訪問得久，這有甚麼奇怪？你在懷疑我甚麼？"

　　戴猛一邊聽，一邊皺起了眉毛，自言自語道："他們這種提問的方法，貌似是找到了更加可以質疑的點，升級、發力、加壓，但是其實，是把自己的招式先演練一遍給對方看。還別説是對方早已思慮周密，就是對方沒有預先想到這些，提問完畢的 5 秒鐘之內，也能夠緊着合理的通道給編圓了。加壓升級不是這麼用的。"一邊説，一邊輕輕地搖搖頭。

　　顯然，黃敏的回答讓內審部的人一怔，停在那裏大約六七秒鐘沒話説。

　　戴猛扭頭朝向華生，示意他看看辦案人員的這種表現，説道："無論對方抵抗得是否成功和合理，如果還要繼續問下去，就萬不能出現這種長時間的留白。這樣的表現無異於告訴被調查人，'你説的非常合理，我都沒話説了，我輸了這一局'。後面的工作會更加難辦，因為黃敏的心理掌控感得到了增強。"

　　片刻之後，內審部的人只好轉換到下一個問題："你為甚麼違反公司規定，把資料硬盤帶回住所？公司有明文規定，任何人不許以任何藉口把資料硬盤帶離公司，這你怎麼解釋？"

　　黃敏第一次有了表情，他"噗"的一聲輕笑了一下，隨即答道："我承認，這一點是我違規了。不過，第一，我登記了，第二天一早就歸還了，也登記了，不是偷偷摸摸幹的；第二，那天我已經連續三天在公司加班到凌晨了，你們也知道，臨近結婚事多，家裏的女人有意見，不得已我才違反了公司的規定。但是，説到底是為公司辛苦

賣命，同時還得哄住老婆。大家都不容易，可以理解吧？我的打卡
記錄，還有線上工作日誌，都能證明我的加班時間，你們想必也調取
了。這一點，我認錯道歉，但希望不是怪罪我的依據。"

　　華生暗中為黃敏豎起了大拇指，人情世故和道理規矩混雜在一
起，還有證據作為支持，可以說是滴水不漏。

　　果然，內審部的人沒有再接話，因為也確實沒有甚麼好接的。
要不，就按照規定對代理硬盤的事情進行懲罰，要不就只能不了了
之。

　　戴猛卻徐徐說道："華生，其實仔細想一下的話，黃敏還是有破
綻的，非常隱晦的破綻。他用'是不是偷偷摸摸'替換掉了'能不能
帶離'，用'家務事'遮擋了'帶離硬盤之後幹了甚麼'。這兩個概念
的替換非常容易就滑過去了，不顯眼，但涉及核心利害關係的問題，
一個也沒有正面回答。再加上，結尾的時候那個反問句'可以理解
吧'，貌似請求實際上卻是進攻。最後，還要主動涉及證據的問題，
那句'想必也提取了'，只能說明他的對抗預案做得非常充分。移花
接木、攪渾水，再加上充分的預案，這個人看來是真的有問題。"

　　每一句分析，都在華生的心裏聽得如同金石之聲。華生不由得
盯着戴猛看，想着這個人真是縝密到可怕。對手的言辭在自己聽來，
都是拉家常一樣的平實，為甚麼到了戴猛的大腦裏轉了一圈，就能
有如此犀利的見解？

　　但是，在幕牆的另一面，局勢已經一邊倒了，辦案人員明顯氣勢
弱了下來，而黃敏則蹺起了二郎腿，上身愜意地倚在椅背上，儘管面
部還是沒有表情的平和。

辦案人員按照既定的問題列表，提出了最後一部分的問題，但從音量來判斷，更加沒有底氣了："聽説你最近結婚了？"

黃敏眉毛一揚，但眼皮沒有抬起來，反問道："這你們也感興趣？"

辦案人員尷尬地笑笑，答道："先表示恭喜。我們並不八卦，只是希望了解一下你結婚所購買的房子和車子，這些……"

黃敏再次笑笑，單側的上嘴唇沒有拘束地揚了起來，一點也不掩飾內心的輕蔑，説道："謝謝你們，大家同喜！同事太多，沒有請到你們兩位，還請見諒。結婚在立業之後，自然需要成家。海邊別墅 200 萬美金，越野車 20 萬美金，其他七七八八的錢，還需要説明哪項？"

辦案的人被逼問得一窘，訕訕地問道："你在公司的薪水，每年大概能有 20 萬美金，這些錢……"

還不等黃敏回答，戴猛氣得空砸了一下拳頭，但聲音依舊控制着説道："笨蛋，怎麼能用這麼個提問方式？倒像是自己幹了虧心事一樣！就算問題不好，也不能自己就當成八卦花邊似的先虛下來啊？越是爛的問題，越要義正辭嚴地問，才好説明這是公事公辦的中立態度。這種慫樣，只能讓對方覺得自己佔了理，越發狂妄。"

果然，黃敏把手往前一揮，似乎有點情緒地説道："你們有點腦子好不好，就我一個人掙錢嗎？我們是新青年，不再講只能男人掙錢，我夫人也有十幾萬美金的年薪好不好？就算我們兩個人的錢不夠，不能貸款嗎？不能找雙方的老爸、老媽、親戚朋友借點嗎？你們通知我今天約談，説是我經手的業務出了問題。現在問我這些問題，我有甚麼義務要跟你們一筆一筆講清楚？那是我的家事！還有甚麼其他的問題嗎？"

華生暗道："果然，提問人的軟弱造就了被調查人的強勢，而且瞬間就把一個很常規的收入問題，轉成了對他隱私的侵犯。這個錯誤犯得不應該，黃敏也的確不是省油的燈。"

幕牆另外一面的局勢已經失控了。

內審部的人提出核心問題"我們有理由懷疑你暗中出售公司機密給競爭對手，獲取不正當收益，所以請你來解釋和配合調查"，這個時候，黃敏順着剛才所塑造的氛圍，表現得很不耐煩："原來是這樣。那我只有一句話，我沒有幹過對不起公司的事情。你們想調查甚麼，我都會配合，但最後記得還我清白，如果有甚麼非議，還要請你們向我道歉。最後，我提醒你們，做出任何認定，都要有證據。如果沒有證據，這件事在我這裏永遠不算完！"說完，竟然站起身來，徑自要走！

戴猛看他起身，連忙衝出監控室，推門進入談話室，快步上去和黃敏握手並把他拉回在椅子上。戴猛盯着黃敏看了幾秒鐘，黃敏也詫異地盯着戴猛看了幾秒鐘。

在這短短的幾秒鐘當中，二人的思緒不知經過了多少翻滾。旋即，戴猛打破沉默，開口説道："黃敏，是吧？你先別着急。正如你所説，有證據證明你侵犯了公司利益，必然會有相應的結果；沒有證據證明，也不會侵犯你的利益，沒有誰是為了故意整人。現在請你來配合調查，也是為了你好，把事情查清楚是最公平、公正、公開的方法。你剛剛的解釋都屬合理，所以你也沒有甚麼理由衝他們發火，都是為公司辦事的，消消氣。"

這番話語速緩慢，音調平和，就如同兩個多年好友飲茶談心，但偏偏每個字又都透着機鋒。黃敏似乎被戴猛的這番話瞬間澆滅了怒火，迅速恢復了最初平淡的樣子。

停頓片刻，戴猛補充道："我只有一個問題。"

黃敏警惕地眨眨眼睛問道："你是？"

戴猛自我介紹道："人力資源部總監，戴猛。"

黃敏視線下垂，片刻復又抬起問道："甚麼問題？你問吧。"

戴猛斟酌了一下，用低沉的聲音一字一句地問道："因為加班把硬盤拿回住所，雖然違反了公司規定，但你的說辭也還能解釋得通。但是，為甚麼經過技術鑒定，硬盤有被複製過的痕跡？"

此言一出，在場所有的人都怔住了，包括在監控室的華生。華生想的是，案情介紹裏沒有這個信息啊？戴猛怎麼知道的？

卻見黃敏猛地捏緊了拳頭，眼神惡狠狠地盯着戴猛看，似乎要把火燒到他的臉上。隨即全身上下一陣發抖，臉上的肌肉也控制不住地顫抖起來。過了良久，他突然哈哈大笑："那又怎麼樣？我知道這屋子裏到處都是監控和錄像，我是不會親口承認甚麼的。我為這公司賣命幹了十年，我的付出和回報成正比嗎？我本打算踏踏實實地將就下去了，沒想到你們竟然開除了我老婆。呵呵，我早就想好了，大不了不幹了！此處不留爺，自有留爺處。"說罷，竟真的推開椅子，起身走了。

戴猛也沒有追，只是告訴辦案子的人："你們把情況和錄像整理一下，報給你們部長。公司會開會決定處理結果。如果不移交司法機關的話，公司就要動手防範洩露機密的風險了。人，斷然不能留，更重要的是競爭對手拿到了數據，後頭怎麼才能規避傷害。"內審部的兩個同事慌忙點着頭一句一句應了下來。

吃飯的時候，華生問戴猛說："老闆，你真厲害，一個問題就解決戰鬥了。他們辦案子的人難道不知道硬盤被複製了嗎？"

戴猛神秘地一笑，貼近華生的耳邊悄悄地道："我也不知道。我是蒙的。"

這下，華生是真蒙了，喃喃重複道："蒙的？那這也太冒險了。萬一沒有這回事怎麼辦？"

戴猛悠然解釋道："你說的沒錯，是太冒險了。如果放在司法訊問中，這個提問涉嫌違規。不過，公司內部談話則關係不大，而且我們都知道，這案子結果很渺茫。即便是真的拷貝了，也很難證明黃敏就出賣過這些機密信息。也正因為這樣，我才敢詐一下。"

華生還是很難接受這種劍走偏鋒的方法，剛要問戴猛是怎麼想到的，馬上就在心裏暗罵自己笨，要賣數據當然要拷貝了，難道還用筆和紙抄寫嗎？於是，便靜靜地聽戴猛繼續說。

戴猛接着道："難得的缺乏證據、僅憑疑點就開啟談話詢問，我也實在是被他們的提問方法刺激得夠嗆，忍無可忍了。要賣數據，當然先要拷貝，這一點的可能性非常之大。索性我就按照常理來模擬還原作案過程。黃敏畢竟不是技術出身，百密一疏也未可知。這不，一個有效刺激拋出去，他立刻就全盤崩潰。最後這個結果，我也沒有想到，運氣成分大了些。"

華生喜歡戴猛這種中肯的評價，對他豎起一個大拇指。

戴猛看到大拇指，生怕誤導了華生，補充道：“你不要太過重視這種技巧，畢竟是陰謀為本，上不了檯面。這次帶你觀摩本案，原想是給你看個好案例，看看是不是有刺激源就一定會有應激情緒反應。”

華生心中暗暗稱讚。心念一轉，明白了戴猛的意圖，不由得皺起了眉毛，思考戴猛剛剛宣佈完的問題。

戴猛一邊嚼着食物，一邊看着華生，似乎在等待他即將給出的結果。

華生大致梳理了一下思路，一條一條地回答道：“依本案看來，明顯可以分成兩個階段。之前的對話，雙方實力很不平均，雖然辦案子的人問的都是重要問題，但黃敏沒有表現出任何反應。我覺得是他準備充分，對方要提問的問題早已在他的應對預案之中。這個階段，說明即使問題很重要，對方有準備的話，也可能防範得絲毫沒有破綻。但您後來的一句刺激源，是他沒有想到防範和解釋的，所以一下子扎到了軟肋上。他本來就對公司有不滿情緒，之前一直屬於用理性策略控制行為，但因為發現可能有破綻無法挽回，就破罐子破摔起來，隨即失去抵抗能力。不知我的思路是不是對頭？”

戴猛讚許地點點頭，認可道：“正是這樣。心理應激微反應的體系中，刺激源是一切的基礎，沒有刺激源的表現是一定不能分析的。但是，有刺激源不一定就能帶來有價值的反應。今天我們看到的案例，是刺激源雖然包括了重要信息，但正如下棋一樣，你的每一步都在對手預料之中，自然可以輕鬆應對。沒反應也行，假反應也行，都是對手理智的表現，故意誤導你的。這些表現也不能分析，否則就掉進陷阱越陷越深。只有刺激源有效，才能誘發對方的情緒反應，從而穿破他的‘殼’，把真實的主觀認知表現給你看，這些才有分析價值。”

華生關心地問道：“那如果刺激源拋出去，對方給了反應，應該如何判斷是假反應還是情緒反應呢？”

戴猛笑道：“好問題！我自覺還未能窮盡這個問題的答案，但目前可以提供的策略是兩個字——通篇。”

華生一歪頭，眉毛皺得更緊了。對這種高度概括的宗旨，表示實在不能理解。

戴猛最後解釋道：“有的時候，對方準備得好，前面的幾個問題都可能在他的意料之中，那麼夠聰明的就會故佈迷局來表演，試圖誤導我們。不過，通篇的問題中，每一道都具有自己的意義指向，只要我們設法把通篇問題之間的線性邏輯關聯打散，對方必然要一道一道地先分析‘這個題應該怎麼答才對’。一有這‘應該’兩字的思維干擾，表現必然異常。更何況，大多數人都無法遵循着破碎的邏輯理清楚通篇題目之間的關係，也不能想明白‘每一道題目應該用甚麼正確答案’，所以他們自己會思維負荷急劇增加，導致更多破綻產生，想出來的表演還未必對。這也是為甚麼很少有人敢於在嚴肅的對話中表演到底的原因。大多數人都會採取保守策略，也就是儘量讓自己沒有反應，因為這樣反而不累。最後，我們可以按照原始的題目順序重新排序，梳理這些回應的結果。造假的反應裏面，情緒表現一定會出現異常特徵，因為情緒本身可不能由皮層的理智來全面統治。”

戴猛這段說得太長，華生似懂非懂，問道："也就是說，控制好題目的內容和順序，就可以誘發被試的情緒反應？"

戴猛說："對。就像上次你看到的那個演員一樣。表演的成本其實是很高的，只要我們能用適當的問題控制好對方，對方就沒有那麼完整的表演空間，而且越往後，表演的空間就會越來越小。"

華生激動地一拍桌子，大聲道："那怎麼才能設計好問題呢？"

戴猛被他嚇了一跳，扭頭看看周圍人異樣的目光，壓低身體同時也壓低聲音："這不是一頓飯或者幾個小時能說清楚的。你是打算明天就辭職不幹了嗎？來日方長。"

篇章四

"微神探"
通行證

第15章

案件實戰

1. 銀行連續內盜案

下班後，戴猛開車帶華生去一家銀行。

在路上，戴猛問華生："還記得李警司嗎？"

華生想了好一會兒，說道："就是上次我們在十二重天門外遇到的那位警官？"

戴猛點頭道："對。今天帶你去參與一個案子，多看多聽，不要發言。"

華生一聽到"案子"兩個字，全身上下莫名地興奮起來。能做神探那樣的人，是所有有志青年的夢想，這也是為甚麼福爾摩斯和007能成為大眾偶像的原因。

華生小心地問："甚麼案子？"

戴猛說："內盜案。"

華生不明白："內盜案？甚麼意思？"

戴猛說："內部盜竊案。第一次發案是在兩週前，銀行辦公室內丟了2000元錢，因為辦公室裏沒監控，數額也不大，所以警方到現場詢問了一圈之後，沒有做出更多的處理。銀行方面也不想把事情鬧大，免得影響不好，所以不了了之。沒想到，過了10天，辦公室又失竊，又丟了一萬塊錢。錢不多，但卻較之上次，金額增加了5倍，說明嫌疑人的心態也狂野了5倍。這樣一來，銀行方面壓力變大，警方也開始重視起來，立案偵查。今天警方會帶測謊儀去進行

測試。"【103】

華生一直認真聽，聽到"測謊儀"的時候，心裏敏感地閃動了一下。

2. 解析神秘的測謊儀

華生在上學的時候學過測謊儀的原理，學校裏叫做"多道心理測試儀"，也玩過幾次。測試的方法是：給被試身體上加載生理信號觸點，通過有針對性地提問題，利用儀器記錄被試的某些生理變化。由於像皮膚表面電阻、心率、血壓等指標的變化是不能被主觀控制的，所以經過電信號把他們的變化差異放大，再比對所提的問題，可以判斷被試在哪些問題上變化明顯。通常來說，說謊會讓上述生理指標出現明顯變化，所以該儀器俗稱"測謊儀"。

華生不知道測謊儀在實際案件應用中是不是很準，所以問道："老闆，測謊儀準嗎？"

戴猛想了一下，回答道："要看怎麼用。對於排除沒有參與案件的無辜者，準確率非常高。但是，對於確實參與過案件的嫌疑人而言，測試結果大多數只能提起警方的高度關注，而並非所有的案例都能清晰地確認。主要原因有兩個，第一是因為嫌疑人有的時候在

103　內盜案有個特點，就是嫌疑人是有限的，通過比對失竊的時間段和出入口以及公共區域的監控錄像，可以確定一個範圍。但是，由於這些人出現在案發現場都是合理的，所以像指紋、足跡等現場痕跡，是沒有判斷價值的，無法用於確定嫌疑人身份。在這種嫌疑人不明確但範圍有限的案子裏，測謊是常用方法。

跟案件無關的問題上，也會因為種種原因有明顯的生理變化，這樣引起的數據波動會讓涉案問題的數據效力降低。第二是因為，即使是無辜的人（可以通過證據證明沒有參與過案件的人），如果測試的時候有其他的情緒想法，也會導致數據變化紊亂。後面的兩種情況，都不是測謊儀所擅長的，通常結論為‘不能排除’，需要通過其他偵查工作來確認。”

說到這裏，戴猛歪頭發現華生有點皺眉＋撇嘴，知道他聽得有點失望，就補充道：“但是，有些案件如果現場信息保密得好，嫌疑人也可以被清晰地認定。這需要被試在特別的細節信息上出現明顯變化，與案情信息重合度高的話，認定起來就會很準確。比如，有一起殺人案，案發現場的門被撬，兇器類型、屍體位置和傷口信息等現場勘查信息被保護得很好，周圍的民眾並不知道，在找到嫌疑人測試的時候，在這幾個重要的信息上嫌疑人的異常生理變化非常明顯，而同類比對用的問題就沒反應，那麼當時就可以確定，因為這些信息只有作案人才可能知道。測試人員將結果告訴給偵查人員後，沒多久就找到重要的突破，並提取到了相關物證。”

華生問：“也就是說，測謊儀並不是萬能的，只是針對某些案件有比較大的幫助？”

戴猛說：“對。通常測謊儀用來參與嫌疑人不確定的案件，可以快速排除無辜者，把範圍迅速縮小，然後提升某些嫌疑人的嫌疑度。運氣好的話，也會有比較好的認定作用，這取決於涉案的細節信息是否保密得比較好。”

這樣一梳理，華生心裏清楚了很多。

戴猛繼續道："測謊儀另有一個精妙的用處，就是在已知嫌疑人的案件中，對於嫌疑人不願意吐露的案件細節信息，比如兇器的地點、現金的數量、重要的相關人員名字等，可以通過特定的問題，快速縮小範圍甚至直接確定答案。只要警方把涉案細節列在題目中，即使嫌疑人一律都說不知道或者不清楚，也很難隱藏得住。"

華生是第一次聽說測謊儀在行業內部的實際應用效果，但他明白得很快，暗自在心裏一一記下。

突然，他想起一樁公案，馬上問戴猛："老大，傳說中有蘇聯特工能夠騙過測謊儀，這是真的嗎？理論上能成立嗎？"

戴猛答道："反正我是沒找到文獻，到目前還都是見諸各種小報的'傳說'。當然，早年間的測謊設備比較簡陋，不夠敏感也是可能的。但是，如果是用今天的設備，難度非常大。"

華生問："我記得看到的說法是，當時那個特工採取了回答問題的時候，暗中收縮肛門，就騙過了測謊儀。"

戴猛不由得哈哈笑了起來，說道："如果是這樣，那就肯定只是傳說了，估計編這個笑話的人，連測謊儀都沒用過。收縮肛門、彎曲腳趾抓握、暗中繃緊肌肉、抑制呼吸等等手法，都屬於暴力破壞測謊儀數據的方法，根本不可能悄無聲息地騙過測謊儀。"

華生問："為甚麼？"

戴猛解釋道："簡單講，我問你兩道題，第一道是你叫甚麼名字？你在回答這道無關痛癢的題目時產生的數據，就是你說實話的基線。第二道我問你殺過人沒有？如果你殺了人，在這時回答說'沒有'，生理數據就會異常，也就是被測謊儀識別到了。所謂暴力破壞，就是答甚麼題都用動作進行生理干擾。這樣，你回答姓名的問題和回答有沒有殺人的問題時，數據都是紊亂的，就不好判斷你殺沒殺人。"

華生問："那要是真這樣的話，會怎麼辦呢？測不出來啊。"

戴猛問："我問過警方，他們的結論很簡單——加重嫌疑。因為即使再有不安或憂慮，在回答中性問題的時候，數據也不會有大的波動。而且，所有的題目都會平靜緩慢地問好幾遍，被試也要回答好幾遍，用來儘量排除干擾。所以，甚麼問題的數據都亂，那一定是故意搗亂，必須加重嫌疑。"

華生恍然大悟，說道："我明白了！所以，只有一種方法可能騙過測謊儀，就是讓自己相信自己真的沒幹過壞事。"

戴猛點頭道："對的，理論上是這樣。但目前為止，還沒有見過成功的實驗或案例記載。"

學到了新知識，華生非常高興，像剛入門的偵探一樣，躍躍欲試地問："那老大，我們今天去幹甚麼？"

戴猛接着說："今天他們要測試能夠出入辦公室的人員，因為從案發現場的勘察來看，入口和出口都很正常，沒有被破壞的痕跡。我帶你去看看。另外，姜老師也去，李警司請的他，他問我要不要帶上你。"

很快，車行入庫。他們在工作人員的帶領下，來到一間會議室，姜老師已經在屋裏等他們了。再次見面，感受很不一樣，親切感和即將參與案件偵破的使命感讓華生內心產生了同舟共濟的感覺。

寒暄坐定後，華生才看到牆上有兩面巨大的電視機，裏面的畫面，似乎是銀行的另外一間會議室，因為玻璃門上貼有該銀行的標誌。時間碼的跳動讓華生確認這是監控鏡頭傳來的畫面。

幾分鐘的工夫，屋門打開，銀行工作人員領進來三位警察。領頭的人正是之前見過的李警司。他走上前來，和姜老師用力握手，熱情道："老給您添麻煩，今天就不單獨客氣了。"

姜老師笑道："這是您給營養的時候，哪能説添麻煩呢？我得謝您！"

李警司這才轉向戴猛和華生，打趣道："戴總，今天這個案子應該驚動不了您啊？甚麼風把您也吹來了？"

戴猛答道："李警司，看您説的，好像我是甚麼金貴人物似的。內盜案很典型，而且，連續發生兩次的更典型。正好也跟姜老師學習探討下，機會難得。這不，上次您見過的小兄弟也來參觀學習，一會兒您多指教吶！"

李警司客氣了幾句，然後揮手告別道："那好，我們去隔壁房間，先群談，您幾位給看看，聽完你們的意見之後，我們再測試。一會兒再聊。"

李警司説的是"您幾位"，而不是"您兩位"，很明顯也把華生帶進去了，這讓華生很受用，也更加精神百倍地希望有所斬獲。

3. 測前談話

警方離開之後沒多久，監控上顯示，6 個銀行工作人員魚貫而入，依次坐好。其中一台監視器始終對準整個屋子的全景，6 個人的姿態和表情都清晰可讀。另外一台監視器上，可推拉變焦的監控鏡頭配合着戴猛手中的遙控器在這些人面前一一掃過。姜老師則掃視着所有的屏幕，手裏拿着一台小設備，據介紹説是用來記錄重點時間碼的。

華生也開始凝神注意觀察他所能注意到的每個細節。但是，華生記得自己的任務——"多看多聽，不要發言"。

李警司和他的一個助手在 6 個人對面坐下，助手支起三腳架和攝像機。

戴猛問姜老師説："您的設備是和這台機器對信號？"

姜老師應道："對，那台 1080i，取景也比攝像頭靈活。"

華生悄聲問："老闆，還有一個人呢？"

戴猛眼睛緊緊地盯着屏幕，手裏控制着遙控器，推拉到每個人的面部特寫，輕聲答道："應該在另外的房間準備測謊儀器。"

華生"哦"了一聲，繼續隨着戴猛的控制觀察屏幕上的每一張面孔。

隔壁房間裏，李警司開口説道："各位，不好意思，下班了還要把大家留在這裏。估計大家也知道是為甚麼，但是我還是要簡單説明一下。"

戴猛用遙控器指揮攝像頭在每個人的臉上取景，停留約 2—3 秒鐘，然後又轉移視線，注視着大全景的那台監視器，6 個人全都被籠罩在鏡頭裏。4 男 2 女，自左向右依次是：

藍風衣、馬尾辮、鬈髮姐姐、金絲眼鏡、木訥小哥、小平頭。

除了坐在最左邊的藍風衣低着頭，輕微地晃着腦袋之外，其他 5

個人都用眼睛注視着正在介紹案情的李警司。

李警司講道："兩週前，你們所在的辦公室丟失了 2000 塊錢，當時我們的同事也來過一次，跟大家見過面。不過，後來這件事就不了了之了。本來啊，偷錢的人已經賺到便宜了……"講到這裏，李警司停頓了 3 秒鐘。

李警司一停，姜老師和戴猛都心領神會般的視線犀利起來。華生看到戴猛把鏡頭快速地推近並在 3 個人臉上切換。

扎着馬尾辮的女孩"囧"了一下眉毛，眼睛略微睜大的同時微微抬高了些頭，表現出憂慮的樣子；短髮燙頭的女士可能有 30 多歲，戴着眼鏡的眼睛射出一道憤怒的光芒，並很明顯地撇了撇嘴，嘴角下拉得非常明顯；坐在最右邊的男子留着平頭，調整了一下坐姿，然後繼續看着李警司，臉上並沒有變化。

李警司繼續道："我們受你們銀行的委託，本來想深入調查，但後來又接到通知說不必了。沒想到，作案的傢伙走了一步錯棋，3 天前又偷走了一萬塊。這下沒辦法了，我們必須得過來再調查一次。我想，這些大家都知道了，所以也請各位諒解，耽誤你們的時間。"

戴猛的手一直沒有停過，特寫和近景鏡頭不停地在 6 人之間來回切換。姜老師幾乎與戴猛同步，在紙上潦草地快速記錄着他看到的點。兩個人明顯不是第一次配合，默契得很。

華生一邊聽李警司的話，一邊注意屏幕裏能看到的人的反應。

馬尾辮開始低頭摳弄自己的手指頭；鬈髮姐姐左顧右盼，在觀察另外的 5 個人，然而她看不出甚麼，只是臉上的不耐煩越來越明顯；小平頭還是那樣，平靜地注視着李警司，眼睛都不眨一下，身體也沒有甚麼動作；藍風衣聽到李大隊説"走錯了一步棋"的時候，笑了起來，笑容裏摻雜着輕蔑，因為左右兩側的嘴角並不對稱；穿着白襯衣的男子扶了扶鼻樑上的金絲眼鏡，雙手十指交叉，用眼睛盯着李警司，一臉的嚴肅。華生仔細辨認了一下，他有輕微的皺眉。還有一個頭髮亂蓬蓬、一臉木訥的男子，在聽完李警司的話之後，眼神就放低下去，仔細看好像並沒有對焦，一副走神的樣子，看穿着打扮，應該是勤雜工之類的，不像其他人的衣着那樣講究。

李警司也停下來，用眼睛在每個人臉上掃視。他的助手在用攝像機記錄着每個人的反應。當攝像機掃到鬈髮姐姐那個方向時，她挺直了脊背，用眼睛和攝像機對視着，似乎控制不住脾氣要説些甚麼了。

李警司看罷，笑笑繼續説道："今天我們來的目的，是給大家做做測試。這是科學的測試方法，沒有做過虧心事的人一定會通過測試，大家不用緊張。不過，在測試之前，需要徵得各位的許可和配合，否則會讓測試工作產生不必要的干擾。"

説到這裏，鬈髮姐姐再也按捺不住，開口道："要花多少時間啊？我還得去買菜做飯呢！我已經讓我老公去接孩子了，你們要是時間長，我沒法配合你們！"

李警司順勢説："不會很長，每個人 1 個小時左右。如果您有急事，我們可以安排給您第一個測試。大家可以根據自己的情況排下順序，我們談話一完，馬上就可以測試。希望各位為了早點找到竊賊，努力配合，也讓自己擺脱嫌疑。"

聽到這話，有些人明顯出現了情緒波動：鬈髮姐姐把身體往後用力地一靠，咬着牙用鼻孔長長地出了一口氣，眼睛裏似乎要噴出火來；馬尾辮依然囧着眉，睜着大眼睛看着警察，不同的是，她把兩隻手捏在一起，插入雙腿中間，肩膀自然而然縮了起來，用牙齒在裏面咬住了兩片嘴唇；小平頭繼續注視着李警司，身體沒有大的變化，但右手的拳頭慢慢地捏了起來，沒過幾秒鐘又緩慢地放鬆開去，整隻手臂搭在扶手上一直沒有移動；金絲眼鏡眉頭皺得更深了些，很明顯在思考着甚麼，面部表情和身體都沒有明顯的變化。藍風衣聽完李警司的話，"噗"的一聲笑出了聲，只是那笑容裏透出來的根本不是"有意思"，而是"真無聊"的不屑，他竟然把頭仰靠在座椅上，開始左右晃動；木訥小哥的眼神變化最頻繁，一會兒看看警察，一會兒看看金絲眼鏡，一會兒又低頭看着自己的腳下，手好像也沒地方放一樣來回變更了幾種姿勢。

李警司繼續在說着測試的意義，就好像唸經那樣，在華生聽來，這些話都是沒有任何感染力的套話，說不說沒有甚麼關係，"我看得出來，有的同事對測試有意見。不過，請大家理解。幹過壞事的人，腦子裏會對自己做過的事情有記憶，這些記憶逃不過機器敏銳的測試感知；沒幹過壞事的人，完全不知道盜竊的細節，所以機器就不會冤枉好人。所以，大家要相信科學，也要相信自己。當然，如果你們當中誰是那個竊賊，現在自己承認也可以，那樣我們就不用耽誤時間了。而且，主動承認也是自首行為，會在後期給自己帶來一些好處。"

戴猛卻不覺得這些話無聊，在這些話講出的同時，他對每個人的細節監測切換更加頻繁了。姜老師和華生都在邊看邊想，姜老師在筆記本上勾畫了些甚麼，明顯認為這段表現很有價值。華生看到，在講這段話的時候，有 3 個人出現了明顯的變化：

　　馬尾辮似乎接受了這個安排，不再像之前那麼憂心忡忡，而是呆坐在那裏，眼睛不停地打量李警司和他的助手，表情上看起來是在尋找可以信賴的人，她變得平靜了下來；鬈髮姐姐低着頭，也不似之前那麼暴躁了，但憤怒仍然保留在她的臉上，她眼睛時不時怨恨地瞥一眼李警司的方向，嘴裏嘟囔着甚麼，但身體不再有大的動作；木訥的小哥開始出現謹慎的表現，他的身體有點收縮，雙手的拳頭握了起來，眼睛盯着自己的手，不再到處亂看，嘴唇也因為用力而擠在一起，凸出了些許。聽李警司説到"自首"的時候，他的眼睛才快速向旁邊的人掃視了一遍，隨後又低下了頭。而其他的 3 個人，包括小平頭、金絲眼鏡和藍風衣，都和之前相比，沒有甚麼變化，小平頭仍然認真地看着李警司，仔細地聽着他説的話；金絲眼鏡還是那副嚴肅認真的樣子，視線也沒有任何變化；藍風衣已經變換了幾個坐姿，似乎怎麼坐着都不舒服，但滿滿的不屑和無聊就像是直接寫在臉上一樣。

　　華生不停地在腦子裏面分析着這些人的一舉一動，試圖找出真正的作案人。

　　李警司最後説道："接下來我們就準備開始測試。大家按照座次的順序，先進行一下簡單的自我介紹，包括姓名、年齡和在公司裏的職位。我們會排一個順序，一會兒按照順序進行測試，兩台機器一起測，12 點前都能完事。哪位願意先測，我們也會尊重你們的意見，把你們往前排。"

話音一落，鬈髮姐姐馬上拍了一下桌子，抑制着憤怒恨恨地説道："排甚麼排，真是倒了霉了，誰偷的錢這麼缺德，連累大家不能回家！測、測、測！先測我！"説完重重地往後一靠，抱起雙臂氣鼓鼓地看着金絲眼鏡。

金絲眼鏡的視線在鬈髮姐姐和李警司之間逡巡了一下，尷尬地説："李娟，李警司不是説得很清楚嗎？你要先測沒有問題，都知道你上有老下有小。我看現在最快的辦法就是趕緊配合警方辦案，你接受完測試馬上就可以回家了。咱們都配合李警司的要求，做自我介紹。就從你開始吧。"説完，對着李警司笑笑，致以歉意。

鬈髮姐姐沒好氣地説："我叫李娟，32 歲，副主任，負責考勤、文件起草和其他日常事務管理。"她一説完，其他人就按照座位的順序依次開始進行自我介紹，戴猛也把鏡頭推到每一個正在説話的人身上，以便更加細緻地觀察。

藍風衣説："周大奎，27 歲，負責與分行之間的聯繫，上傳下達。"説這話的時候，他的身體的姿態竟然一度出現了正襟危坐的樣子，雙手交叉疊在肚子上，下巴微微抬起，用自上而下的目光看着自己前方的桌子。

馬尾辮抬起頭，看着李警司，兩隻手的手掌半按在桌面上，細聲細氣地説："我叫關淑艷，25 歲，負責辦公室的行政事務。"

金絲眼鏡雙手交疊，兩隻小臂攤在桌子上，脊背微微彎着，原來皺緊的眉頭鬆弛了很多，但看起來還是有些嚴肅，他緩緩地對着李警司説："我叫莊正，35 歲，辦公室主任。我們發生這種案子，讓您幾位辛苦了。希望能早日抓到兇手，哦，不是，是盜竊者，我們都會配合您的工作的。"說完之後,擠了一個很客套的笑容出來。

輪到木訥的小哥說話了,他變得更加侷促,雙手不知道往哪裏放,臉也頻繁地想往下藏,一開口說話,還有點結巴:"我……我叫姚大剛,今年……今年 23 歲,我不是……我是辦公室的,我現在給幾位領導幫忙,他們讓我幹啥……我就幹啥。"說完,趕忙把眼睛垂下去,不太敢抬頭的樣子。

金絲眼鏡向李警司解釋道:"他是臨時在辦公室幫忙,最近這段時間我們正在搬東西,所以從行裏保衞部借來個保安,幫忙幹活的。"

見李警司點頭示意明白,小平頭坐直身體,右手在上左手在下,雙手疊放在桌子上,用小臂支撐好身體,規規矩矩地面向着李警司,目不轉睛地說道:"您好!我是李宏波,今年 26 歲,在辦公室裏負責辦公系統的維護,搞 IT 的。"說完,眼睛仍然看着李警司。從監控裏面看,李警司挪動了一下身體,把身體調整為向右斜靠,李宏波的視線也隨之做出了細微的跟隨,停駐時間持續了十幾秒。

李警司似乎也在等着甚麼,最後和小平頭對視了一眼,對方才把身體向後靠在了椅背上,雙手握在一起,搭在身體前,但眼睛還是注視着李警司。

李警司說:"好,那我們的測前談話就到這裏。接下來請各位耐心在會議室裏等候,通知到誰,誰來測試。李娟有急事,可以先進行測試。"

會議室裏面開始稍稍亂了起來,有人走動,有人開始聊天。

姜老師和戴猛碰了下眼神,然後用筆指着筆記本上的甚麼地方畫了個圈，點了點，華生看不到。戴猛想了一下，笑着點了點頭，這才停下手裏的動作，扭頭看了看華生，問道："怎麼樣？你看出些甚麼？"

華生問："您是讓我猜猜，誰是嫌疑人嗎？"

戴猛回道："對，我想聽聽你的結論，還想聽聽你的分析。你心裏有答案了嗎？"

華生答道："有個大概的意向，但不是很確定。"

姜老師鼓勵道："說說看，你覺得是誰？"

4. 誰是嫌疑人

華生整理了一下思路，說道："按照嫌疑度排名，保安排第一，做 IT 的小平頭排第二，辦公室主任排第三，其他人問題不大。"

戴猛聽到這個結論，抬起眼盯着華生看【104】，但一轉眼看到姜老師正好也看向自己，並微笑着朝華生的方向揚了揚下巴，意思是說："讓他說。"

戴猛明白姜老師的意思，儘量讓自己把視線放溫和，鼓勵道："說說看你的思路。"

華生沒有注意到這個幾秒鐘的變化，喝了一口水，對照着自己的筆記本，開始解釋自己觀察到的點和推理過程："這六個人，對待

104　盯着看，表示強烈關注，是憤怒微表情形態特徵之一。戴猛此時是覺得華生的答案有些出乎意料，本來想批評糾正。

這次測前談話的情緒是不一樣的。簡單地說，藍風衣是無所謂，馬尾辮是害怕，鬈髮姐姐是憤怒，金絲眼鏡是審慎，保安員是緊張，小平頭是控制。"

姜振宇每聽到一個詞，點頭就加重一些，到最後還露出了驚訝的神情。戴猛也沒想到，華生的六個主題詞總結得都比較準確，至少自己能夠認可。他問道："那麼，你的排名是怎麼來的？"

華生解釋道："這個要看每個人的情緒變化情況。作案的人會是甚麼心態很重要，直接決定了他會怎樣看待警察的談話。即便是無辜的人，害怕也是正常的情緒，因為怕被冤枉，或者怕惹麻煩。但是，這個害怕要有個度，畢竟無辜的人心裏是沒有虧心事的，只要警察是公平合理地辦案，就不至於失控。所以，我覺得馬尾辮的害怕可以理解，屬於合理範圍。可以排除掉她。"

儘管對華生所講的內容，戴猛是認同的，甚至是高看一眼的，因為第一次接觸實際的刑事案件，就能分析得如此之細，實在是只能用天分來解釋。但是，他對華生這種直言不諱的分析方式並不認同。

他看了一眼姜老師，見他沒有表達甚麼意見，只是點點頭，就也沒有做評論，而是讓華生繼續講下去。畢竟，自己帶出來的人如果太過張揚，丟人就丟得比較大。

華生看到示意，繼續說道："而保安員呢，則害怕得非常明顯，各種侷促不安的表現層出不窮。這個害怕的尺度，就不是心裏有底的表現了。所以，他的嫌疑值增加。"

戴猛從華生手裏把他的筆記本拿過來，閱讀了上面關於保安部分的筆記，儘管字跡很潦草，但諸如"視線慌亂"、"手足無措"、"結巴"等關鍵詞，還是非常醒目。

　　姜老師在戴猛看筆記的時間，突然問華生："怎麼排除掉鬈髮姐姐呢？她一點嫌疑都沒有嗎？"

　　華生聽到後，以為姜老師是在暗示甚麼，仔細看了看筆記，然後又看着他想了想，發現他並沒有得意或者怪罪的意思，應該沒有甚麼傾向性的暗示，就按照自己的思路説："我認為鬈髮姐姐沒有任何嫌疑，她自始至終是憤怒的，憤怒的原因也很合理，要照顧家庭，不願意耽誤時間，所以沒有找到一絲心虛的痕跡。"

　　戴猛點點頭表示認同，繼續問："還有藍風衣，你也認為沒嫌疑？"

　　華生膽子大了起來，接着戴猛的問題答："他從頭到尾的滿不在乎，似乎完全不屑於參與這件事情，也不看重這件事情，所以也不是心虛的表現。"

　　戴猛彈彈手指頭，示意華生繼續説。華生把筆記翻到金絲眼鏡那一頁，看着自己的筆記慢慢解釋道："金絲眼鏡的表情，始終很嚴肅，一直皺着眉，並且很關注警方在説甚麼，所以有嫌疑。但是，在最後自我介紹的階段，他不但幫助安撫鬈髮姐姐，並且自己在做介紹的時候也很鬆弛，所以嫌疑有，但不是那麼高。"

　　華生繼續翻筆記，到小平頭的那一頁時，停頓了一下，解釋道："小平頭是所有人裏面，情緒反應變化最少的。金絲眼鏡還有皺眉的嚴肅表情，他只是一直很冷靜，很認真地在聽警方的話，尤其是眼睛，非常關注。然後，他在做自我介紹的時候又很配合。這個人其實不太好分析。我在想，如果他是作案的人，做好了充分的心理準備，有備而來的話，是可以表現成這樣的。但如果他心裏沒有虧心之處，又是個冷靜的人，搞 IT 的嘛，也有可能。其實，把他排在第二位，放在金絲眼鏡前面，我也講不清為甚麼，就是感覺如此。"

戴猛聽完全部的分析之後，再次把華生的筆記本拿過來，用筆在單獨的一頁紙上，寫寫畫畫了一陣，交還給華生。華生趕忙接過來一看，發現是一張表格：

	李警司說的話	馬尾辮	鬈髮姐姐	金絲眼鏡	藍風衣	保安	小平頭
談話前					晃頭＝輕蔑		
1	案情介紹，嫌疑人佔便宜	囧字眉＋睜大眼＝恐懼	皺眉＋瞪眼＝憤怒				調整坐姿，視線關注
2	二次作案，必須調查	摳手指＝不安	看其他人＋不耐煩	十指交叉＋嚴肅盯視		視線對焦失調＝走神	注視，無變化
3	我們要來做測試	肢體收縮＝壓力增大	發怒，表示要第一個測	皺眉加深＝關注加強	仰頭＋笑＝無聊加重	眼神慌亂，手足無措	捏拳頭
4	套話	壓力減小	憤怒降低	無變化	無變化	聽到"自首"的時候看其他人	無變化，認真聽看
5	測試排序＋自我介紹	正常謹慎，細聲細氣	願意第一個接受測試	鬆弛＋客套	正襟危坐＝驕傲感和莊重感	緊張，結巴	表述很規範＝內心很謹慎；視線長時間跟隨＝謹慎加強

戴猛説："我的結論和你不一樣，不過我也只是一家之言，要看今晚的測試結果和明天的相關偵查情況，如果能有物證加嫌疑人供述，那我們誰分析得對，就可以很確定了。"

華生像魚一樣，眼睜睜地看着餌料在自己面前，恨不得一口吞下去以解心癮。他把頭往前湊了湊，還沒開口，戴猛就已經説了出來：“我不能告訴你我的結果，因為這樣的話，你很有可能去按照我的思路來湊‘證據’，分析的邏輯是很容易被干擾的，長此以往思維會越來越混亂。等着看明天的結果吧。”一邊説，一邊朝姜老師伸手。

顯然，姜老師知道他要的是甚麼，就把自己筆記本上的一頁撕了下來。戴猛説：“我和姜老師已經有答案了，就在這張紙上，人名畫過圈的。你保留着，等結果出來了我們驗證。”説完，摺疊好放在華生的包裹。然後，非常嚴肅地囑咐他：“我和姜老師意見一致，但我們也不一定對，也許你的感覺是正確的。所以確定性的結果出來之前，千萬不要看。再根據你的筆記多想想，我覺得你的筆記記得不錯。”

華生又像魚一樣，但這次是眼睜睜地看着餌料被拉走了，又癢又怕，怕自己忍不住去看了之後變得一片混亂。最後戴猛説自己“筆記記得不錯”的話，聽着無論如何也不是表揚的滋味，似乎暗示着自己分析錯了。

姜老師迎上正在進屋的李警司，在他耳邊説了些甚麼，然後遞給李警司一張紙條，説道：“這是我的排序，您可以按照這個順序進行後面人的測試。回頭有結果了，麻煩您也告訴戴總一聲。”

李警司應諾。

在徵得銀行和警方的同意後，測前談話的錄像光盤被戴猛獲得。戴猛交給華生保管，要求保密不要外洩，也不要讓任何人知道光盤的存在。最後，戴猛囑咐華生：“李警司説，他覺得這個案子的嫌疑人也很明顯，突破時間不會太長。所以你今晚用用功，反覆看看光

盤，再多想想。明天上班前把光盤送回留檔。案情一有進展，我們
就碰頭討論。"

　　華生最終還是沒忍住："老闆，您是不是覺得我分析錯了？"

5. 真正的竊賊

　　華生晚上把這不到 8 分鐘的測前談話錄像，反覆看了不下 20
遍。比對着戴猛挑選的鏡頭和勾畫的表格，華生仔細地想了又想，
發現戴猛關注的大部分鏡頭都很有價值，儘管還有幾個微小的動作
還不是很明白，但的確能夠給自己之前的觀察提供新的補充。一邊
看一邊冒出腦子的詞句，就成了"薑還是老的辣"，想到這裏，華生
也不禁暗笑。

　　次日，上班無話。

　　到了中午時分，手機短信傳來，戴猛只寫了 8 個字："真犯確認，
來基地。"基地，是他們對研究小組的那間大實驗室的簡稱，這還是
華生的主意，因為他覺得聽起來很酷。戴猛想儘量低調平實，但華
生總愛這麼叫，也就隨了他。

　　華生急急趕到實驗室，戴猛帶他進入一間分析室，屏幕上正回
放着那天的錄像。

　　華生特別期待地問："誰是真犯？"

　　戴猛反問道："你有沒有甚麼新的結論？"

　　華生心裏一陣小慚愧，因為他並沒有得出更加能說服自己的結
論，所以沒有新結論，只好忐忑地搖搖頭，心裏暗道："還真是討厭

啊！看來我這次考試不合格啦！”

戴猛哈哈一笑，指着華生的眼睛説：“不用緊張，也不用愧疚，看你這眼睛裏的血絲，就知道昨天晚上沒少動腦子。不過，我還是要遺憾地告訴你，你沒猜對。真正的盜竊犯被你排在第二，對於第一次來説，已經很不容易啦！”

屋裏響起了稀稀拉拉的掌聲，華生這才注意到，姜老師和研究小組的其他人，不知甚麼時候也聚在這間分析室裏，準備參與觀摩和討論。這時候的掌聲，更加讓華生感到窘迫。他倒是顧不得這些小心思，而是睜大眼睛趨前問道：“小平頭？！我就是説，他的可能性不好分析，他的動作太規範了，控制得好。沒想到，最後真的是他？”

戴猛説：“對，就是小平頭。姜老師的答案你看了沒？”

華生才想起來：“哦，對對對，我還沒看，後來我就忘了。”説着，趕忙在包裹把戴猛給的那張紙條拿出來，上面確實寫着小平頭的名字。

華生問：“警方確定了？”

戴猛説：“沒問題。當晚按照姜老師給的順序，測試結果很好，測完之後直接開始訊問，他沒堅持多久就交代了。後來根據他描述的作案情節，在他的住處也起獲了贓款，還沒來得及花，連錢捆上的封條印章都還沒拆，和辦公室去銀行的取現記錄吻合。”

華生明白，這樣一來，口供和證據就完全對上了，而且證據具有唯一的解釋性，不會冤枉人。現在，他已經開始完全期待戴猛解開謎題了。

　　戴猛明白華生的意思，要請姜老師給大家講。兩人客氣半天，最後決定用猜硬幣的方法決定，姜老師贏了，戴猛負責講解。

　　他只好示意大家坐下，但沒有直接播放視頻，而是先開始分析案情："這起內盜案，區別於其他內盜案的最大的特點是甚麼？"

　　大家沉默，但都在思考。

　　華生不想說話，就想聽，於是乾脆就窩在座位裏。

　　戴猛看出來了，於是自問自答："最大的特點是，兩次行竊相差10天，是連續行竊。儘管我們並不確定是同一個人幹的，但是比起10天內兩個不同的人分別盜竊，而且第二個人還是在第一次案發警察調查過之後又行動而言，同一個人幹的可能性更大。當然，無論是一人多次還是多人多次，以警方的偵查手法，都能有效找到真犯。"

　　大多數人點頭，華生也覺得是這樣，一人多次的可能性非常大，但說實話，他並不覺得這個連續行竊有甚麼值得挖掘的地方。

　　戴猛看到華生的思考，繼續道："既然是這樣，如果我們假設是一人多次連續實施，就不得不面對一個問題，這是一個甚麼樣的人？他是偏於謹慎的，還是偏於冒險的？他是偏於勇武的，還是偏於狡猾的？"

　　戴猛每問一個問題，分析室裏的人就小聲地給出答案："冒險的，狡猾的。"華生也和大家一樣思考着，小聲回答着。這是他第一次體驗研究小組的案情分析會，覺得非常有趣，思路流暢極了。

　　戴猛繼續問："既然是這樣一個狡猾的、冒險的人，那麼他的行為模式會非常謹慎嗎，謹慎害怕到小心翼翼嗎？在遇到偵查工作的時候，慣於冒險的人會使用非常謹慎低調的縝密對抗，做到沒有絲毫異常嗎？”

會議室裏小聲的一片應和：“不會，不會。”

戴猛看了一眼華生，發現他有點跟不上，就細細解釋道：“狡猾說明他會想得多些，所以肯定是會做些偽裝以對抗偵查；但是冒險的風格，說明他只是自以為是的聰明，而不是真的運籌帷幄那種縝密。所以，他會按照‘別人以為他應該如何合理偽裝’來偽裝，而不會潛心研究最符合客觀上的合理性的偽裝方式。”

這個大長句子徹底把華生給繞暈了，眼神都對焦失調了。

戴猛不得不舉個例子：“有功力的演員，會進入角色，演繹得合理而觸動人心，讓觀眾忘記這是在演戲而產生共鳴；而混臉熟的明星，會用他們的‘智力’分析出一個‘應該這樣用力演’的模式，比如動不動就咆哮、皺眉、瞪大眼睛、情緒激動或者耍酷，並認真地朝着這個方向努力，但觀眾永遠只能記住演員本人的臉。”

這下華生懂了，笑了起來。他想到一句話，“最好的特工，不是那些特別帥酷的，或者異常兇狠的，而是那些扔在大街上就看不出的普通人模樣。”

戴猛繼續說：“這個行為模式的粗淺估計，對這次測前談話分析是有用的。我們可以把注意力集中在那些試圖控制自己的表現，試圖表現得‘比較合理’的人，他們的優先級可以往前排一排。”

講到這裏，屋裏的人似乎都鬆了一口氣，華生覺得面對着 6 個人的同時分析本來有點吃力，但有了這個行為模式的預評估，似乎有撥雲見日的清爽。

6. 案情分析會

"現在我們開始回放錄像",戴猛吩咐道。

畫面上播放的就是當天華生看過的那段8分鐘的錄像。戴猛開始跟隨着畫面解説:"在這段談話中,李警司的發言是直接刺激源。大家要特別注意每個人在聽和聽完李警司的每次發言之後,有甚麼特別的表現。"

"這個藍風衣,"戴猛示意畫面暫停,並用手指着畫面上的藍風衣説,"在李警司還沒開始説話之前,就是這樣的狀態,低着頭輕輕搖晃腦袋。他所表現出來的,是不關心和不重視,低頭不看表示不關心,搖頭晃腦表示心態輕鬆,所以不重視。不過,各位要小心的是,這種姿態不是應激反應,是當事人的單向表達,也許是有意識的表演,不能輕信。"

畫面繼續播放,李警司開始介紹案情,並説到第一次作案的嫌疑人已經佔便宜了。

畫面停在馬尾辮的臉上時,戴猛解讀道:"眉頭上揚,眼睛睜大,儘管幅度小,但是變化很明顯,這是恐懼類表情的特徵,説明她此刻很不安,有點擔心或者害怕。"

華生開口提問:"老大,如果面對警察的辦案和查問,當事人表現出恐懼類表情,是不是需要加大嫌疑?因為壞人會害怕被查到。"

戴猛略有遲疑,他並不確定警方是不是這樣的處理原則。姜老師在旁立刻回覆道:"不能加大嫌疑。首先,害怕也可能是因為怕被委屈、被冤枉,現實中很多無辜的相關人都會抱有這種心態。其次,還記得我們的行為模式預評估嗎？一個敢於連續兩次作案的疑犯，會在一開始就表現得很緊張、很害怕嗎？不會的，因為這不符合嫌疑人的行為模式，也不太可能是他設計的表演風格。”

戴猛接了一句：“如果這是他狡猾的表現，是預先設計好的偽裝風格，也有可能，那麼後期這種風格會隨着壓力的提升而強烈起來。我們可以繼續看。”

畫面停在鬈髮姐姐臉上的時候，戴猛簡單地說：“皺眉加眼瞼用力地瞪眼，經典的憤怒。警方所做的案情介紹或者警方的案件偵查工作，二者中或有其一，或者全部，引起了這個姐姐的憤怒。”

畫面停在小平頭身上時，戴猛解釋道：“請注意，小平頭在聽到這段話的時候，調整了身體的坐姿。如果把這個調整假設為應激反應，那麼這個調整的動作就可以解讀為‘嚴陣以待’的準備和關注度提升。當然，這個調整動作和李警司的話同步出現，也有可能僅僅是巧合。此時此刻，要先保留兩種可能，繼續觀察。”

華生再次提問：“每一個反應動作，都要這樣做多種可能性的解讀嗎？那工作量會很大，而且很有可能最後會因為各種可能性混雜在一起而沒有結果吧？”

周圍有人笑，是善意的但是得意的笑，這使華生意識到，自己問了一個在實驗室裏算是常識的問題。不過沒關係，對於真正的刑事案件來講，他本來就是新人，學習是核心任務。所以，華生沒有在意別人的反應，而是盯着戴猛看，期待他的回答。

戴猛接得很快：“都要做。微反應這種分析技術如果不遵守‘有利於嫌疑人’的分析原則，使用者很容易淪為敏感多疑的神經病，容易在分析的時候犯嚴重的錯誤不說，還對自己的心理健康有負面影響。”

　　大家都笑了，華生也笑了。他隱隱約約地明白了一個非常重要的原則，只是還不能很清楚地理解和掌握。

　　戴猛繼續播放錄像。畫面裏李警司說到這是第二次作案，必須要立案調查的時候，戴猛把畫面停在馬尾辮身上，解讀道：“摳手指，安慰反應，通常用來表達無聊，或者在心裏不舒服但又無法做別的事情時，用來緩解自己的不適。按照之前的恐懼類情緒以及目前身體的緊張狀態來看，不是無聊，可以確定這是不安的表現，是她恐懼類情緒的延續反應，但是程度卻降低了。”

　　畫面停在鬈髮姐姐的動作時，戴猛解讀到：“她在聽完這些話之後，立刻去看其他人，直接的解讀就是，希望能夠找到真犯。儘管她的理智會告訴她，這是不可能的，但這樣的表現還是不由自主地出現了。從身體運動的頻率來看，動作很快，方向變化又多，這是不耐煩的表現。從剛才的憤怒，到現在不耐煩的四處徒勞查看，她的嫌疑度逐漸降低。”

　　華生問：“現在就可以開始降低她的嫌疑度了？如果真犯是她，而這又是她的表演計劃，那怎麼辦？”

　　戴猛答：“第一，還會繼續往後看，如果後面的表現可疑，再把嫌疑度拉回來。第二，如果她能設計出這麼高級的表演策略來擺脫嫌疑，那麼她的複雜邏輯思維以及縝密程度就不會允許她進行第二次盜竊。”

　　錄像繼續播放，畫面停在金絲眼鏡那裏，戴猛解讀道：“各位注意看兩個特徵，一是十指交叉，二是眼神。十指交叉是複雜抗拮動作，也就是自己跟自己使勁，相反的力量自行消耗能量的動作。複雜抗拮說明他在高度控制自己的行為，表示內心的謹慎和防備。另外，這種盯視的目光，也同樣表現了高度的關注，但沒有憤怒，因為儘管眉毛有輕微的皺起，但眼瞼並沒有擴張動作。"

實驗室裏的劉江博士提問："那麼，這裏的關注、謹慎和防備，是不是可以算作提升嫌疑的指標？"

戴猛答："按照我們對嫌疑人的行為模式評估，這些表現是符合的，值得記錄。但是，也要記得替他找合理的解釋，比如，他謹慎關注的就是案件本身呢？畢竟內部失竊對於無辜的員工來講，是值得關注，甚至提心吊膽的。所以，暫時還不能提升嫌疑度。"

畫面停在保安員時，戴猛解讀道："這個樣子相信大家都能看得出來，也就是走神的樣子，因為他的目光並沒有對焦，沒有看任何具體對象。李警司剛開場，而且說的話分量很重，這兄弟竟然走神了，說明他不關心李警司的話和事情的進展。"

華生問："會不會是嚇的？因為心虛、害怕、擔心，失魂落魄得走神了？這能不能作為提高他的嫌疑度的依據？"

戴猛耐心地答："一般情境下，有這種可能。但一見警察就嚇得失魂落魄的賊，是不會敢去偷第二次的。"

華生已經漸漸明白分析行為模式的意義了，心裏覺得很興奮。

畫面繼續播放，停在小平頭身上時，戴猛簡單地說了一個短句："沒有變化，仍然保持關注。"

錄像繼續播放，李警司講到今天要測謊。

畫面停在馬尾辮身上時，戴猛解讀道："李警司說要測謊，相比較之前的談話內容而言，無疑是刺激源力度加大，尤其是對真正的行竊人。這時候，馬尾辮的身體開始收縮，是更加明顯的恐懼表現，就像動物一樣。能夠用表情、動作和身體姿態等幾種不同的方式表現恐懼情緒，並且這些表現隨着刺激源的不同而產生相應的變化，這是趨向真實的表現模式。"

畫面停在鬈髮姐姐身上時，戴猛只簡單地說了兩個字："憤怒。"

畫面停在金絲眼鏡臉上時，戴猛指着金絲眼鏡皺緊的雙眉，解讀道："皺眉很明顯，眉間的皺眉紋也比較深。皺眉動作只有一個單獨表意，那就是'關注'，皺得越深，關注越強。但是，我們需要配合分析眼睛的變化，如果皺眉＋瞪眼，是憤怒的表現，而皺眉＋瞇眼，則是厭惡的表現，是兩種性質不同的情緒。在這裏，金絲眼鏡的眼瞼並沒有明顯變化，眼瞼沒有用力，也沒有明顯地擴張和閉合，僅僅是自然受到皺眉動作的向下擠壓，所以我們的結論為單純的關注加強，無憤怒，無厭惡。"

畫面停在藍風衣身上時，戴猛居然笑了，解讀道："這個藍風衣已經忍不住了，他這種鬆散的表現和笑，都屬於輕蔑的表現。李警司說要測謊，他的應激反應是從開始的不在乎變成了好笑，內心的不屑非常明顯。"

畫面停在保安身上時，戴猛解讀道："眼神慌亂，手足無措。比起前面的走神，這時已經轉變為恐懼了。這說明，他怕測謊。其實，每個人都怕測謊，即使是無辜的人也會有點怕，是對未知結果的害怕，是對一個會影響自己生活的儀器的害怕。但是，請大家想一個問題，那就是嫌疑人會不會把害怕表現得這麼明顯。"

畫面停在小平頭身上時，戴猛特意把畫面上小平頭的拳頭局部放大，再次回放了他捏拳頭這個動作的片段，然後解讀道："大家注意這個小動作。從開始談話時的微微調整坐姿一直到現在，小平頭就保持着很好的儀態，全神貫注地聽着李警司的話，眼睛都沒有離開過。到聽說要做測謊的時候，表情、視線、身體都沒有任何變化，只有這個捏拳頭的動作。一方面，這些特徵表現了當事人對自己的控制；另一方面，這個捏拳頭的動作屬於戰鬥反應，是暗暗積蓄力量準備戰鬥的表現，可以解讀為對抗心理的表現。又控制又對抗，這組矛盾的組合非常值得關注，我認為可以據此提升嫌疑度。"

分析室裏響起了嗡嗡的討論聲，華生在努力地跟進着戴猛的分析思路。他在想："如果是這樣的思路，那麼金絲眼鏡就是純粹的控制，沒有表現出對抗，是可以有合理解釋的。但的確，如果一邊要管好自己的行為，一邊卻又心生對抗，的確符合嫌疑人的心態。"

錄像繼續播放，李警司說了一堆類似於思想工作一樣的套話，戴猛特別強調說："大家要注意學習，李警司實施刺激源的技巧非常成熟和巧妙。這些話估計各位聽着也覺得沒意思、沒必要，甚至可能會有點煩，但是請注意，李警司的真正意圖是減壓，減小剛剛聲稱要測謊所帶來的壓力。對於沒有偷竊過的人來講，這些話毫無價值，所以壓力應該驟減，也就會造成應激反應上的相應鬆弛。但對於實施了盜竊的嫌疑人而言，這些話可就不是沒有意義了，而相當於'勸降'，是有影響的，甚至刺激力度是提升的。那麼嫌疑人的反應就不會鬆弛，也許還會提高。我們來看各人的反應變化。"

　　華生心裏面被震撼了一下，他萬萬沒有想到，自己完全沒有在意的幾句話，背後居然有如此玄機。如果是自己被談話測試，可能這時候已經掉進漩渦還不自知呢。想到這裏，他又是興奮又是害怕，身上竟然出了一小層冷汗。

　　錄像繼續播放，畫面停在了馬尾辮身上，戴猛解讀道：「看，這姑娘在聽到這段話的時候，身體和表情都鬆弛了，前後對比非常明顯，之前的恐懼類情緒基本消失了。」

　　畫面停在鬈髮姐姐身上時，戴猛解讀道：「連這個憤怒的姐姐，在這些話講述的過程裏，也慢慢變得平靜下來，儘管還是氣鼓鼓的，但憤怒的程度已經降低很多了。」

　　畫面繼續播放，在金絲眼鏡和藍風衣身上都沒有特別停下，戴猛也沒有進行特別的解說，大家都在觀察這些人是不是有鬆弛的表現。直到畫面播放到保安的時候，戴猛指着他的動作說：「他在聽到李警司這段話的時候，不但不那麼害怕了，而且出現了積極的表現，比如這裏，」戴猛暫停了畫面，繼續解讀道：「李警司說到『自首』兩個字的時候，他竟然開始像鬈髮姐姐一樣看別人了。如果這個動作發生在一開始，還可以理解為是故意掩飾自己的慌張和栽贓別人的心思，但之前緊張得要命，現在開始尋找可能『自首』的人，這樣的心態變化就可以用來降低他的嫌疑度了。」

　　華生把這組分析特意記錄在了筆記本上，還繪製了兩條簡單的曲線，一條上升曲線標識了「李警司的刺激源」，一條下降的曲線標示了「保安的緊張程度」。他此刻已經逐漸明白了刺激源和情緒變化之間的關聯方法，心裏如醍醐灌頂一般舒爽。

錄像的畫面播放到小平頭時，戴猛解讀道：“大家可以看到，小平頭在聽這段話的過程中，眼睛仍然一直看着李警司，身體也沒有任何變化，就這麼一動不動地保持着原來的姿態，這是高度關注和高度控制的表現。他在李警司談話壓力降低的情況下，卻保持着原來的狀態，我們可以在此處畫個問號，為甚麼？”

錄像進入最後一個問題，是李警司要求每個人做自我介紹，並給後面的測試工作做排序的內容。戴猛首先解釋道：“之前，都是李警司一個人說，大家聽。從語言的角度講，是單向傳輸，聽的人沒有機會表達。現在這個階段，是真正的對話，這些被測試的候選人們有了表達的機會，對於我們來說，也就有了更多可供分析的反應變化。大家注意看。”

畫面停在馬尾辮身上時，戴猛總結道：“這個女孩在做自我介紹的時候，已經恢復到了社交行為應有的常態，謹慎規矩但流暢自然，言語細聲細氣的，表達了自己的良好禮儀。她是從很嚴重的恐懼慢慢變成了現在這樣，她的年齡很小，沒經過甚麼事情，所以一開始會很害怕，反倒是在馬上面臨實際測試的時候恢復平靜，這種表現最符合無辜者的心態。到此，可以排除她的嫌疑。”

畫面播放過鬈髮姐姐要求第一個接受測試的過程，戴猛並沒有停下，而是同步解釋道：“現在，我們知道她的憤怒來自於家庭責任的壓力，這個年齡的女同事的確不容易，受到案件偵查這樣的困擾，容易着急。再說，對她開展調查，在她看來也許就是一種不信任的侮辱，也有可能加劇憤怒。憤怒的原因一旦梳理清楚，也就可以排除她的嫌疑了。”

　　畫面播放到金絲眼鏡時，戴猛停下來解讀道："金絲眼鏡曾經是有嫌疑的，因為他的高度關注和高度自我控制，一定程度上符合嫌疑人應有的策略。但是他除了關注加強之外，沒有其他的變化。現在我們知道，他的高度關注，是因為他的職位導致的。在自己管理的地盤上出現了這樣的麻煩事，關鍵是如果案子不破，那就意味着公司裏還潛伏着一個竊賊，他當然應該高度關注。而現在，要開始測試了，他的緊張程度反而下降，會安慰自己的員工，會很有禮節地表達配合。自始至終所有的反應都能符合無辜者的心態，我們對這樣的被試，必須結論為無辜。"

　　華生還是覺得有點不安，問道："那萬一這些全部合理的表現，的確是嫌疑人想到了並設計好的呢？智商高的罪犯是有可能做到的啊？我們的結論方法，會不會放過壞人？"

　　戴猛正色道："很好的問題。寧縱勿枉是微反應分析的最高原則。我們不是物證勘驗，我們所做的一切分析，都是針對被試的主觀認知測試，是不能用來還原事實的。我們的工作目標，是提供參考信息，而不是直接給嫌疑人定罪。所以，如果被試所有的反應都可以解讀為無辜者心態，且其所有反應情緒又不存在自相矛盾的話，就必須結論為無辜。也許我們會遇到比我們想得細緻縝密的嫌疑人，他完全知道我們會問甚麼問題，會怎樣實施刺激，然後他制定完美的表演預案進行應對，並且精準控制表演完美。那只能說明我們的刺激源設計是無效的，輸給了對手。這種情況下，不能僅憑懷疑就對被試做出不利結論。但是事實上，這對嫌疑人來講，是非常大的難題，他要連闖預測對、想明白、表演好三關，能夠毫無破綻地實施完成整個過程，概率極低。"

華生選修過法律，知道寧縱勿枉是更先進、更文明的法治理念，也就認同了戴猛的解釋。他知道，這不是你死我活的智力比拼，而是要對每個嫌疑人的未來負責的工作方法，所以不求必勝，但求踏實。

畫面播放到藍風衣的身上時，戴猛停了下來解釋道："之前，這個兄弟一直驕傲自大地不屑一顧，但此時卻變得很正經很規矩的樣子，並且自述的時候有明顯的自豪感。我們現在可以知道，他的職位造成了他的心理狀態。他和上級銀行的往來多，被高級領導看中的機會也就多，職業發展的前景也就更好。所以，通常狀況下，他不會為了區區小錢而冒險自毀前程。他自始至終的不屑一顧，也有了合理的解釋。如果他是嫌疑人，既然一開始表現得不屑一顧，要證明自己不怕測試，那麼這個表演策略就應該堅持到底，始終強調自己的自信。現在即將開始測試，他的言行變得規範但不拘謹，可以排除嫌疑。"

畫面停留在保安身上時，戴猛解讀道："給了每個人發言的機會，保安的特點就在這裏表現得更明顯，他會緊張到結巴。我們可以設問為甚麼？是不是因為要測試怕被抓到才變得更緊張？如果回顧他之前的情緒變化曲線，我們會發現，他一開始就失神，隨後緊張加重，但在中途有過鬆弛的積極表現，現在緊張再次回歸。這樣的緊張，顯然並沒有跟隨李警司長的刺激源變化而變化，否則最開始就不會直接進入緊張害怕到走神的嚴重程度，而是應該關注。保安對自己的緊張和鬆弛沒有任何管控，完全由情緒做主支配行為。所以，他的緊張並不源自案件，而是源自對自己的認知，比如覺得自己沒文化、沒見過世面、工作職位低等。可以排除嫌疑。"

　　華生最關心戴猛怎麼分析這個保安，因為保安是他嫌疑列表上的第一名。現在聽完解讀，明白了自己的問題。關鍵的核心是，自己看到保安害怕，就直接在邏輯上把原因歸結為對警察工作的害怕，而沒有考慮到其他可能性，也沒有仔細分辨這緊張中的細微變化是否符合刺激源的變化。此刻的華生，更加期待戴猛是如何解讀小平頭——那個真正的罪犯的。

　　最後，錄像播放到小平頭身上，戴猛停住，沒有直接解讀，而是提了個問題："各位還有沒有印象，小平頭之前的狀態變化如何？"

　　大家互相看看，都把目光轉移到華生身上，華生明白，這是一種鼓勵，於是嘗試着講道："他從開始就認真應對，最大的特點是沒有明顯的變化，除了有一次握拳，當時的刺激源是李警司說要'測謊'，此外一直保持相同的狀態到現在，坐姿很規矩。另外一個特徵，就是他的眼睛，一直在看着李警司。"

　　戴猛接道："很好。視線的高關注、姿態的高掌控，是他的兩個要點。他那個握拳的輕微抵抗表現儘管並不起眼，但是放在一切行為高掌控的前提下，就可以解讀為內心乘以數倍的強烈抵抗。現在，在要求自我介紹的時候，他再次提升了對行為的掌控，用書面化的語言和規範的行為手勢，對自己的身份進行了介紹。掌控加強的另外一種意義，就是緊張加強、防備加強，只不過他並不是表現為害怕的緊張或者肢體的防備。和金絲眼鏡不一樣的是，金絲眼鏡也全程保持相同的緊張度，但最後是鬆弛的；而小平頭也自始至終保持相同的緊張度，可是在最後卻變得更緊張，緊張到自己説完後，會用眼睛追尋着李警司的目光，尋找反饋評價。只有怕自己的話不被對方相信，才會出現這種'粗魯'的目光。所以，他的情緒變化，最符合這起連續行竊案件中嫌疑人的心態，所用的偽裝手法，也最符合我們之前所做的行為模式評估。這是為甚麼我只結論他是嫌疑人的原因。"

當華生完成這段筆記之後，他長長地出了口氣，覺得心裏的滿足感非常非常飽滿。他不由得有一種感覺，回顧之前對微表情的了解，現在的分析模式完善程度、容錯程度、嚴謹程度，都超出了自己的所有知識儲備和邏輯推導能力，現在的自己感覺就像在大海中遨游。反觀那些被互聯網傳播爛了的"某某小動作表示説謊"，以及那些試圖通過統計微小表情和謊言之間的相關性而得到因果性結論的研究，簡直如同笑話一般脆弱到禁不起推敲。

華生腦海裏竟然開始回放電影《黑客帝國》中，Neo 第一次通過數據植入系統學習武藝的畫面，那種突然掌握爆炸性技能的感受，讓自己有點頭暈。

他閉上眼睛深呼吸了幾次，平緩了一下心跳和血壓，聽到戴猛在眼前説："全聽懂了？過了這一關，你就可以參與辦案子了。"

姜老師接過話道："戴總的行為模式分析，讓人振聾發聵，再加上我們的微反應，雙劍合璧，所向披靡啊！小兄弟，你進步很快，我手頭有一件大案正在研究，我越俎代庖，越過戴總直接邀請你也參與研究，如何？"

華生睜大了眼睛，瞳孔瞬間放大了……